Italienska Kökets Hemligheter
En Kulinarisk Resa genom Smakernas Land

Emilia Andersson

INNEHÅLL

Kanin med vitt vin och örter 9

Kanin med oliver 12

Kanin, Porchetta-stil 14

Ris- och räksallad 16

Räk-, apelsin- och ansjovissallad 19

Sardin och ruccolasallad 21

Grillad pilgrimsmussla sallad 24

Venetiansk krabbasallad 26

Bläckfisksallad med ruccola och tomater 28

Hummersallad 31

Toskansk tonfisk- och bönsallad 34

Tonfisksallad med couscous 36

Tonfisksallad med bönor och ruccola 38

Tonfisksallad fredag kväll 41

Toppa med gorgonzola och hasselnötter 43

Toppa med citronkräm 44

apelsinsås och honung 45

Köttsoppa 46

Kycklingsoppa 48

Antoniettas bönsoppa 50

Pasta och bönor 53

Grädde av bönsoppa 55

Friulisk korn- och bönsoppa 57

Bön- och svampsoppa 59

Pasta och bönor Milano 62

Lins- och fänkålssoppa 66

Spenat-, lins- och rissoppa 68

Lins- och grönsakssoppa 70

Mosad linssoppa med krutonger 72

Puglia kikärtssoppa 74

Kikärtssoppa och pasta 76

Ligurisk kikärts- och porcinisoppa 79

Toskanskt bröd och grönsakssoppa 82

Vinter squashsoppa 87

"kokt vatten" soppa. 89

Pumpa pesto soppa 91

Purjolökssoppa, tomater och bröd 94

Zucchini och tomatsoppa 96

Zucchini och potatissoppa 98

Grädde av fänkålssoppa 100

Svamp- och potatissoppa 102

Blomkålsgrädde 104

Siciliansk tomat- och kornsoppa 106

röd paprika soppa 108

Fontina, bröd och kålsoppa 110

krämig svampsoppa 112

Grönsakssoppa med pesto 115

Pavia äggsoppa 118

salt syrlig deg 121

Tårta med spenat och ricotta 124

purjolöktärta 126

Smörgåsar med mozzarella, basilika och rostad paprika 128

Smörgåsar med spenat och robiola 130

Riviera smörgås 132

Trekantiga smörgåsar med tonfisk och rostad paprika 135

Trekantiga smörgåsar med skinka och fikon 137

Mogna Amaretto-äpplen 139

Livijas äppelpaj 142

Aprikoser i citronsirap 145

Skogsfrukter med citron och socker 147

Jordgubbar med balsamvinäger 149

Hallon med mascarpone och balsamvinäger 151

Körsbär i Barolo 153

varma rostade kastanjer 155

konserverade fikon 157

chokladdoppade fikon 159

Fikon i vinsirap 161

Doras rostade fikon 163

Honung i mintsirap 165

Apelsiner i apelsinsirap 167

Gratinerade apelsiner med Zabaglione 169

Vita persikor hos Asti Spumante 171

Persikor i rött vin 172

Persikor fyllda med Amaretti 173

Päron i apelsinsås 175

Päron med marsala och gräddfil 177

Päron med varm chokladsås 179

Päron kryddade med rom 181

Pecorino kryddade päron 183

Pocherade päron med gorgonzola 186

Tårta med päron- eller äppelpudding 188

Varm fruktkompott 191

Karamelliserade venetianska frukter 193

Frukt med honung och konjak 195

vinterfruktsallad 197

grillad sommarfrukt 199

Varm ricotta med honung 201

ricotta kaffe 202

mascarpone och persikor 204

Chokladmousse med hallon 206

Tiramisu 208

jordgubb tiramisu 211

Italiensk bagatell 214

sabayon 216

Choklad Zabaglione 218

Kanin med vitt vin och örter

Coniglio vitt vin

För 4 portioner

Detta är ett grundrecept för ligurisk kanin som kan modifieras genom att lägga till svarta eller gröna oliver eller andra örter. Kockar i denna region förbereder kanin på en mängd olika sätt, inklusive pinjenötter, svamp eller kronärtskockor.

1 kanin (2 1/2 till 3 pund), skuren i 8 bitar

Salt och nymalen svartpeppar

3 matskedar olivolja

1 liten lök, finhackad

1 1/2 kopp finhackade morötter

1 1/2 dl finhackad selleri

1 msk hackade färska rosmarinblad

1 tsk nyhackad timjan

1 lagerblad

1 1/2 kopp torrt vitt vin

1 kopp kycklingsoppa

1.Skölj kaninbitarna och torka dem med hushållspapper. Strö över salt och peppar.

Två. Hetta upp oljan i en stor stekpanna på medelvärme. Lägg i kaninen och stek försiktigt på alla sidor i ca 15 minuter.

3.Ordna lök, morot, selleri och örter runt kaninbitarna och koka tills löken är mjuk, ca 5 minuter.

fyra. Tillsätt vinet och låt det koka upp. Koka tills det mesta av vätskan har avdunstat, cirka 2 minuter. Tillsätt fonden och låt koka upp. Sänk värmen till låg. Täck pannan och koka, vänd på kaninen då och då med en tång, tills den är mjuk när den genomborras med en gaffel, cirka 30 minuter.

5.Överför kaninen till ett serveringsfat. Täck över och håll varmt. Öka värmen och koka innehållet i pannan tills det reducerats och tjocknat, cirka 2 minuter. Kasta lagerbladet.

6. Häll innehållet i grytan över kaninen och servera genast.

Kanin med oliver

Coniglio alla Stimperata

För 4 portioner

Röd paprika, gröna oliver och kapris ger smak till denna kaninrätt i siciliansk stil. Termen alla stimperata tillämpas på olika sicilianska recept, även om dess betydelse är oklar. Det kan komma från stemperara, som betyder "att lösa upp, späda eller blanda" och syftar på att tillsätta vatten i grytan medan kaninen lagar mat.

1 kanin (2 1/2 till 3 pund), skuren i 8 bitar

1 1/4 kopp olivolja

3 klyftor hackad vitlök

1 kopp urkärnade gröna oliver, tvättade och avrunna

2 röda paprikor skurna i tunna strimlor

1 msk kapris, tvättad

en nypa oregano

Salt och nymalen svartpeppar

2 matskedar vitvinsvinäger

1 1/2 kopp vatten

1. Skölj kaninbitarna och torka dem med hushållspapper.

Två. Hetta upp oljan i en stor stekpanna på medelvärme. Lägg i kaninen och bryn bitarna väl på alla sidor i ca 15 minuter. Överför kaninbitarna till en tallrik.

3. Tillsätt vitlöken i pannan och koka i 1 minut. Tillsätt oliver, paprika, kapris och oregano. Koka under omrörning i 2 minuter.

fyra. Lägg tillbaka kaninen i pannan. Krydda med salt och peppar efter smak. Tillsätt vinäger och vatten och låt koka upp. Sänk värmen till låg. Täck över och koka, vänd på kaninen då och då, tills den är mjuk när den genomborras med en gaffel, cirka 30 minuter. Tillsätt lite vatten om vätskan avdunstar. Lägg över till ett serveringsfat och servera varmt.

Kanin, Porchetta-stil

Coniglio i Porchetta

För 4 portioner

Kombinationen av kryddor som används i stekt fläsk är så läcker att kockar har anpassat den till annat kött som är bekvämare att tillaga. Vild fänkål används i regionen Marches, men torkade fänkålsfrön kan ersättas.

1 kanin (2 1/2 till 3 pund), skuren i 8 bitar

Salt och nymalen svartpeppar

2 matskedar olivolja

2 uns bacon

3 vitlöksklyftor, fint hackade

2 matskedar färsk hackad rosmarin

1 matsked fänkålsfrön

2 eller 3 salviablad

1 lagerblad

1 kopp torrt vitt vin

1 1/2 kopp vatten

1. Skölj kaninbitarna och torka dem med hushållspapper. Strö över salt och peppar.

Två. I en kastrull som är tillräckligt stor för att hålla kaninbitarna i ett enda lager, värm oljan på medelvärme. Ordna bitarna i en bricka. Fördela baconet överallt. Koka tills kaninen är gyllenbrun på ena sidan, ca 8 minuter.

3. Vänd på kaninen och strö över vitlök, rosmarin, fänkål, salvia och lagerblad på alla sidor. När kaninen fått färg på andra sidan, efter ca 7 minuter, tillsätt vinet och rör om genom att skrapa botten av pannan. Koka vinet i 1 minut.

fyra. Koka utan lock, vänd på köttet då och då, tills kaninen är mör och faller av benet, cirka 30 minuter. (Tillsätt lite vatten om skålen blir för torr.)

5. Kasta lagerbladet. Överför kaninen till ett serveringsfat och servera varm med pannsaft

Ris- och räksallad

Risosallad med Gamberi

För 4 portioner

Fiumicino, inte långt från Rom, är mest känd som platsen för en av Italiens största flygplatser, uppkallad efter konstnären Leonardo Da Vinci. Men Fiumicino är också en hamn dit rumänerna gärna åker på sommaren för att njuta av den svala brisen och äta på en av de utmärkta fiskrestaurangerna längs kusten. På Bastianelli al Molo sitter vi på terrassen under ett stort vitt paraply och blickar ut mot havet. Vi hade en flerrätters måltid som inkluderade denna enkla ris- och räksallad.

Kokt långkornigt ris stelnar när det kyls i kylen, så förbered denna sallad lite innan du planerar att servera den.

2 koppar långkornigt ris

1/3 kopp extra virgin olivolja

3 matskedar färsk citronsaft

1 kg medelstora räkor, skalade och rensade

1 knippe ruccola

2 medelstora tomater, skivade

1. Koka upp 4 dl vatten i en stor kastrull. Tillsätt riset och 1 tsk salt. Blanda väl. Sänk värmen till låg, täck pannan och koka tills riset är mört, 16 till 18 minuter. Häll riset i en stor serveringsskål.

Två. I en liten skål, vispa ihop olja, citronsaft och salt och peppar efter smak. Tillsätt hälften av dressingen till riset och låt svalna.

3. Skär hårda stjälkar från ruccola och släng eventuella gulnade eller blåmärkena blad. Tvätta ruccolan i flera byten av kallt vatten. Den torkar väldigt bra. Hacka ruccolan fint.

fyra. Koka upp 2 liter vatten i en medelstor kastrull. Tillsätt räkor och salt efter smak. Koka upp och koka tills räkorna är rosa och genomstekta, ca 2 minuter. Häll av och kyl under rinnande vatten.

5. Skär räkorna i små bitar. Tillsätt räkor och ruccola till riset. Tillsätt resten av dressingen och blanda väl. Smaka av och justera kryddningen. Garnera med tomater. Servera omedelbart.

Räk-, apelsin- och ansjovissallad

Sallad av Gamberi, Arancia och Acciughe

För 4 portioner

En av mina venetianska favoritrestauranger är La Corte Sconta, "den dolda innergården". Trots namnet är det inte svårt att hitta eftersom det är en mycket populär trattoria som serverar en fast meny med alla skaldjursrätter. Kryddad med dijonsenap, denna sallad var inspirerad av den vi hade där.

1 liten rödlök, tunt skivad

2 tsk dijonsenap

1 vitlöksklyfta, lite hackad

4 teskedar färsk citronsaft

1 1/4 kopp extra virgin olivolja

1 tsk färsk hackad rosmarin

Salt och nymalen svartpeppar

24 stora räkor, rensade och rensade

4 navelapelsiner, skalade, utan den vita kärnan och skivade

1 burk (2 uns) ansjovisfiléer, avrunna

1.Lägg löken i en medelstor skål med mycket kallt vatten för att täcka. Låt stå i 10 minuter. Häll av löken och täck dem igen med mycket kallt vatten och låt dem sitta i ytterligare 10 minuter. (Detta gör att löken smakar mindre starkt.) Torka löken.

Två. Blanda senap, vitlök, citronsaft, olja och rosmarin i en stor skål med salt och nymalen svartpeppar efter smak.

3.Koka upp en medelstor kastrull med vatten på medelvärme. Tillsätt räkor och salt efter smak. Koka tills räkorna är gyllene och kokta, cirka 2 minuter, beroende på storlek. Häll av och kyl under rinnande vatten.

fyra. Tillsätt räkorna i skålen med dressingen och blanda väl. Ordna vattenkrasse på serveringsfat. Lägg apelsinskivan ovanpå. Häll räkorna och dressingen över apelsinerna. Lägg ovanpå lökskivorna. Servera omedelbart.

Sardin och ruccolasallad

Sardinsallad

För 2 portioner

Den här salladen är baserad på en sallad jag provade i Rom, som serverades på en tjockare skiva rostat bröd och serverades som bruschetta. Även om jag gillade kombinationen var den svår att äta. Jag föredrar att servera brödet som tillbehör. Konserverade sardiner packade i olivolja har en utsökt rökig smak som tillför så mycket till denna enkla sallad.

1 stort knippe ruccola

2 matskedar olivolja

1 matsked färsk citronsaft

Salt och nymalen svartpeppar

1/2 dl torkade svarta oliver, urkärnade och skurna i 2 eller 3 halvor

1 burk (3 uns) sardiner i olivolja

2 salladslökar, tunt skivade

4 skivor rostat italienskt bröd

1.Skär hårda stjälkar från ruccola och släng eventuella gulnade eller blåmärkena blad. Tvätta ruccolan i flera byten av kallt vatten. Den torkar väldigt bra. Hacka ruccolan fint.

Två.I en stor skål, vispa ihop olja, citronsaft och salt och peppar efter smak. Tillsätt ruccola, oliver, sardiner och vårlök och blanda väl. Smaka av och justera kryddningen.

3.Servera genast med rostat bröd.

Grillad pilgrimsmussla sallad

Capesante alla Griglia sallad

För 3 till 4 portioner.

De stora, fylliga pilgrimsmusslorna är läckra grillade och serverade på en bädd av möra, röda grönsaker. Pilgrimsmusslor går att grilla på utegrill, men den här salladen gör jag året om, så jag brukar koka pilgrimsmusslorna i en grillpanna. Den här salladen var inspirerad av en sallad som jag ofta njöt av på I Trulli och Enoteca i New York.

Olivolja

1 kilo stora musslor, sköljda

2 matskedar färsk citronsaft

Salt och nymalen svartpeppar

2 matskedar färsk hackad basilika

1 matsked nymald mynta

2 stora mogna tomater, skurna i små bitar

6 dl unga salladsblad, skurna i små bitar

1. Värm en grillpanna på medelhög värme tills en droppe vatten fräser när den faller till ytan. Smörj pannan med lite olja.

Två. Torka av musslorna och lägg dem i pannan. Koka tills pilgrimsmusslorna är lätt bruna, cirka 2 minuter. Vänd pilgrimsmusslorna och koka tills de är gyllenbruna och något genomskinliga i mitten, 1-2 minuter till.

3. Blanda citronsaften med 3 matskedar av oljan i en stor skål. Tillsätt musslor och blanda väl. Låt stå i 5 minuter, rör om en eller två gånger.

fyra. Tillsätt örter och tomater i pilgrimsmusslorna och rör om försiktigt.

5. Ordna salladen på serveringsfat. Häll över musselblandningen och servera genast.

Venetiansk krabbasallad

Granseola sallad

Ger 6 portioner

Venedig har många vinbarer, kallade bacari, där människor samlas för att träffa vänner över ett glas vin och små tallrikar med mat. Denna delikata stora krabbasallad som kallas granseole serveras ofta som pålägg till crostini. På mer formella restauranger hittar du den elegant serverad i cikoriakoppar. Det är en bra förrätt till en sommarmåltid.

2 matskedar hackad färsk persilja

1 1/4 kopp extra virgin olivolja

2 matskedar färsk citronsaft

Salta och nymalen svartpeppar efter smak.

1 kg färskt krabbkött, skivat

radicchio blad

1.I en medelstor skål, rör ihop persilja, olja, citronsaft och salt och peppar efter smak. Tillsätt krabbaköttet och blanda väl. Smaka av efter kryddor.

Två. Ordna radicchiobladen på serveringsfat. Ordna salladen på bladen. Servera omedelbart.

Bläcksfisksallad med ruccola och tomater

Bläckfisk sallad

Ger 6 portioner

Tvärsnitten på ytan av bläckfisken får bitarna att rulla tätt medan de tillagas. Detta gör inte bara bläckfisken mjukare utan gör dem också mycket attraktiva.

För bästa smak, låt en god marineringstid. Du kan förbereda bläckfisk upp till tre timmar i förväg.

1 1/2 kilo ren bläckfisk (bläckfisk)

2 hackad vitlöksklyfta

2 matskedar hackad färsk persilja

5 matskedar olivolja

2 matskedar färsk citronsaft

Salt och nymalen svartpeppar

1 stort knippe ruccola

1 matsked balsamvinäger

1 dl körsbärstomater eller druvtomater, halverade

1. Skär bläckfisken på längden och öppna dem rakt upp. Skär kropparna med en vass kniv och gör diagonala linjer med cirka 1/4 tums mellanrum. Vänd på kniven och gör diagonala linjer i motsatt riktning, gör ett korsmönster. Skär varje bläckfisk i 2-tums rutor. Skär basen av varje uppsättning tentakler på mitten. Skölj och låt rinna av bitarna och lägg i en skål.

Två. Tillsätt vitlök, persilja, 2 matskedar olivolja, citronsaft samt salt och peppar efter smak och blanda väl. Täck och marinera upp till 3 timmar före tillagning.

3. Överför bläckfisken och marinaden till en stor panna. Koka på medelhög värme, rör ofta, bara tills bläckfisken blir ogenomskinlig, cirka 5 minuter.

fyra. Skär hårda stjälkar från ruccola och släng eventuella gulnade eller blåmärkena blad. Tvätta ruccolan i flera byten av kallt vatten. Den torkar väldigt bra. Hacka ruccolan fint. Lägg ruccolan i en skål.

5. I en liten skål, vispa ihop resterande 3 msk olja och vinäger samt salt och peppar efter smak. Häll över ruccolan och blanda väl. Lägg bläckfisken på ruccolan. Lägg tomaterna ovanpå och servera genast.

Hummersallad

Hummersallad

För 4 till 6 portioner

Sardinien är känt för sina skaldjur, särskilt hummer, känd som abalone, och söta räkor. Min man och jag åt den här fräscha salladen på en liten trattoria vid havet i Alghero medan vi såg fiskarna laga sina nät för nästa dag. En stod barfota på kajen. Hon tog tag i ena änden av nätet med tårna och höll det platt så att båda händerna var fria att sy.

Denna sallad kan vara en komplett måltid eller en förrätt. En flaska kall sardinsk vernaccia skulle vara det perfekta tillbehöret.

Vissa fiskhandlare kommer att ånga hummer åt dig, vilket sparar dig ett steg.

4 hummer (cirka 1 1/4 pund vardera)

1 medelstor rödlök, halverad och tunt skivad

6 basilikablad

4 små revbensselleri, tunt skivade

Ca 1/2 dl extra virgin olivolja

2 till 3 matskedar färsk citronsaft

Salt och nymalen svartpeppar

Salladsblad

8 tunna skivor knaprig italienskt bröd

1 vitlöksklyfta

3 stora mogna tomater, skivade

1. Placera ett galler eller ångbåt i botten av en gryta som är tillräckligt stor för att rymma alla fyra hummer. (En 8- eller 10-liters gryta bör fungera.) Tillsätt vatten tills det är precis under grillen. Vattnet kokar. Lägg på hummer och täck grytan. När vattnet kokar igen och det kommer ånga ur grytan, koka hummerna i 10 minuter eller mer, beroende på storlek. Lägg över hummerna på en bricka och låt dem svalna.

Två.Lägg löken i en liten skål och täck med isvatten. Låt det sitta i 15 minuter. Byt ut vattnet och låt det sitta i ytterligare 15 minuter. Häll av och torka.

3.Ta under tiden bort hummerköttet från skalet. Bryt av hummerstjärtarna. Ta bort det tunna skinnet som täcker svansköttet med en fjäderfäsax. Slå på klorna med den trubbiga sidan av kniven för att bryta dem. Öppna klorna. Ta bort köttet med fingrarna. Skiva köttet tunt och lägg i en stor skål.

fyra. Stapla basilikabladen och skär dem på tvären i tunna strimlor. Tillsätt basilika, selleri och lök i skålen med hummern. Ringla över 1/4 dl olja och citronsaft och strö över salt och peppar efter smak. Blanda väl. Fördela hummerblandningen på fyra tallrikar klädda med salladsblad.

5.Rosta brödet och gnugga det med en hackad vitlöksklyfta. Ringla resten av oljan över rostat bröd och strö över salt. Garnera rätten med rostat bröd och tomatskivor. Servera omedelbart.

Toskansk tonfisk- och bönsallad

Tonno alla Toscana sallad

Ger 6 portioner

Toskanska kockar är kända för sin förmåga att laga bönor till perfektion. Vackra, krämiga och fulla av smak, bönor lyfter en vanlig rätt till något speciellt, som den här klassiska salladen. Om du hittar det, köp ventresca di tonno, tonfiskmage, konserverad i god olivolja. Magen anses vara den bästa delen av tonfisken. Den är dyrare men full av smak med en köttig konsistens.

3 matskedar extra virgin olivolja

1 till 2 matskedar färsk citronsaft

Salt och nymalen svartpeppar

3 koppar kokta eller konserverade cannellinibönor, avrunna

2 små revbensselleri, tunt skivade

1 liten rödlök, skivad mycket tunt

2 burkar (7 ounces) italiensk tonfisk packad i olivolja

2 eller 3 belgiska endiver, putsade och delade till spjut

1.I en medelstor skål, vispa ihop olja, citronsaft, salt efter smak och en generös malning av peppar.

Två. Tillsätt bönorna, sellerin, löken och tonfisken. Blanda väl.

3.Ordna endivestjälkarna i en skål. Häll över salladen. Servera omedelbart.

Tonfisksallad med couscous

Tonno e Couscous sallad

För 4 portioner

Couscous äts i flera italienska regioner, inklusive delar av Sicilien och Toscana. Varje år är den sicilianska staden San Vito lo Capo värd för en couscousfestival som lockar hundratusentals besökare från hela världen. Traditionellt tillagas couscous med olika skaldjur, kött eller grönsaker och serveras varma. Denna snabba tonfiskcouscoussallad är en modern och mättande rätt.

1 kopp snabbkokt couscous

Salt

2 matskedar färsk hackad basilika

3 matskedar olivolja

2 matskedar citronsaft

nymalen svartpeppar

1 burk (7 uns) italiensk tonfisk packad i olivolja

2 unga revbenselleri, hackade

1 hackad tomat

1 liten gurka, skalad, urkärnad och hackad

1. Koka couscousen med salt efter smak, enligt anvisningarna på förpackningen.

Två. I en liten skål, vispa ihop basilika, olja, citronsaft och salt och peppar efter smak. Tillsätt varm couscous. Blanda väl. Smaka av och justera kryddningen. Låt tonfisken rinna av och lägg den i en skål med selleri, tomater och gurka.

3. Blanda väl. Smaka av och justera kryddningen. Servera i rumstemperatur eller kyl en kort stund i kylen.

Tonfisksallad med bönor och ruccola

Insalata di Tonno, Fagioli och Rucola

För 2 till 4 portioner

Jag tror att jag skulle kunna skriva en hel bok om mina favorittonfisksallader. Den här gör jag ofta till en snabb lunch eller middag.

1 stor bukett ruccola eller vattenkrasse

2 koppar kokta eller konserverade cannellinibönor eller blåbär, avrunna

1 burk (7 uns) italiensk tonfisk packad i olivolja

1 1/4 kopp hackad rödlök

2 matskedar kapris, tvättade och avrunna

1 matsked färsk citronsaft

Salt och nymalen svartpeppar

Citronskivor till dekoration

1. Skär hårda stjälkar från ruccola eller vattenkrasse och släng eventuella gulnade eller blåmärkena blad. Tvätta ruccolan i flera byten av kallt vatten. Den torkar väldigt bra. Skär grönsakerna i små bitar.

Två. Blanda bönorna, tonfisken och dess olja, rödlök, kapris och citronsaft i en stor salladsskål. Blanda väl.

3. Tillsätt grönsakerna och servera garnerad med citronklyftor.

Tonfisksallad fredag kväll

Fredagskvällssallad

För 4 portioner

Det fanns en tid då fredagar var köttfria dagar i katolska hem. Middagen hos oss bestod oftast av pasta och bönor och denna lättsamma sallad.

1 burk (7 uns) italiensk tonfisk packad i olivolja

2 revbensselleri med blad, skurna och skivade

2 medelstora tomater, skurna i små bitar

2 hårdkokta ägg, rengjorda och skurna i fjärdedelar

3 eller 4 skivor rödlök, tunt skivad och i fjärdedelar

en nypa torkad oregano

2 matskedar extra virgin olivolja

1 1/2 medelstor huvud romainesallat, tvättad och torkad

Citronskivor

1.Lägg tonfisken med olja i en stor skål. Bryt tonfisken i bitar med en gaffel.

Två. Tillsätt selleri, tomater, ägg och lök till tonfisken. Ringla över oregano och olivolja och blanda försiktigt.

3.Lägg salladsbladen i en skål. Toppa med tonfisksallad. Garnera med citronskivor och servera genast.

Toppa med gorgonzola och hasselnötter

Gorgonzola och Nocciole sås

Gör ca 2/3 kopp

Jag hade den här dressingen i Piemonte, där den serverades på endivblad, men den är god till alla sega grönsaker som frisée, escarole eller spenat.

4 matskedar extra virgin olivolja

1 matsked rödvinsvinäger

Salt och nymalen svartpeppar

2 matskedar strimlad gorgonzola

1/4 dl hackade rostade jordnötter (se<u>Hur man rostar och skalar valnötter</u>)

I en liten skål, vispa ihop olja, vinäger, salt och peppar efter smak. Tillsätt gorgonzola och hasselnötter. Servera omedelbart.

Toppa med citronkräm

Panna citronsås

Gör ca 1/3 kopp

Lite grädde mjukar upp citrondressingen. Jag gillar det här på unga salladsblad.

3 matskedar extra virgin olivolja

1 matsked färsk citronsaft

1 matsked tung grädde

Salt och nymalen svartpeppar

    Blanda alla ingredienser i en liten skål. Servera omedelbart.

apelsinsås och honung

Citronette al'Arancia

Gör ca 1/3 kopp

Sötman i denna dressing passar perfekt till blandade grönsaker som mesclun. Eller prova med en kombination av vattenkrasse, rödlök och svarta oliver.

3 matskedar extra virgin olivolja

1 tesked honung

2 matskedar färsk apelsinjuice

Salt och nymalen svartpeppar

Blanda alla ingredienser i en liten skål. Servera omedelbart.

Köttsoppa

Brodo kött

Ger ca 4 liter

Här är ett baslager av olika typer av kött för soppor, risottos och grytor. En god soppa måste vara full av smak, men inte så aggressiv att den tar över smaken på rätten. Nötkött, kalv och fågel kan användas, men undvik fläsk eller lamm. Dess smak är stark och kan övermanna soppan. Ändra köttförhållandet för denna soppa enligt dina önskemål eller enligt de ingredienser du har till hands.

2 kilo nötköttsben

2 kilo benfri nötkött

2 kilo kyckling- eller kalkonbitar

2 morötter, skär och skär i 3 eller 4 delar

2 revben selleri med blad, skurna i 3 eller 4 delar

2 medelstora lökar, skalade men lämnade hela

1 stor tomat eller 1 dl konserverade tomater, hackade

1 vitlöksklyfta

3 eller 4 kvistar färsk platt persilja med stjälkar

1. I en stor gryta, kombinera kött, ben och kycklingdelar. Tillsätt 6 liter kallt vatten och koka försiktigt upp på medelvärme.

Två. Justera värmen så att vattnet knappt kokar. Skumma bort skummet och fettet som stiger till toppen av soppan.

3. När skummet slutar höjas, tillsätt resten av ingredienserna. Koka i 3 timmar, justera värmen så att vätskan bubblar lätt.

fyra. Låt soppan svalna en kort stund och sila sedan ner i plastbehållare. Soppan kan användas direkt eller få svalna helt, sedan övertäckt och förvaras i kylen i upp till 3 dagar eller i frysen i upp till 3 månader.

Kycklingsoppa

Kyckling Brodo

Ger ca 4 liter

Äldre kycklingar, känd som fjäderfä, ger soppan en fylligare, rikare smak än yngre kycklingar. Om du inte hittar fågeln, försök att lägga till kalkonvingar eller nacke i soppan, men använd inte för mycket kalkon, annars kommer smaken att övermanna kycklingen.

Efter tillagning kommer det mesta av köttets smak att koka ut, men sparsamma italienska kockar använder det för att göra en sallad eller strimla det för pasta eller grönsaksfyllning.

1 hel fågel eller 4 kg kyckling

2 kilo kyckling- eller kalkonbitar

2 revben selleri med blad, skurna i skivor

2 morötter, skivade

2 medelstora lökar, skalade och lämnade hela

1 stor tomat eller 1 dl konserverade tomater, hackade

1 vitlöksklyfta

3 eller 4 kvistar färsk persilja

1. Lägg fågel- och kyckling- eller kalkondelarna i en stor gryta. Tillsätt 5 liter kallt vatten och låt det sakta koka upp på medelvärme.

Två. Justera värmen så att vattnet knappt kokar. Skumma bort skummet och fettet som stiger till toppen av soppan.

3. När skummet slutar höjas, tillsätt resten av ingredienserna. Koka i 2 timmar, justera värmen så att vätskan bubblar lätt.

fyra. Låt soppan svalna en kort stund och sila sedan ner i plastbehållare. Soppan kan användas direkt eller få svalna helt, sedan övertäckt och förvaras i kylen i upp till 3 dagar eller i frysen i upp till 3 månader.

Antoniettas bönsoppa

Zuppa di Fagioli

För 8 portioner

När jag besökte familjevingården Pasetti i Abruzzo gjorde deras kock Antonietta denna bönsoppa till lunch. Den är baserad på en klassiker<u>Abruzzo stil ragout</u>, men du kan också använda en annan tomatsås med eller utan kött.

En hackare används för att jämna ut bönorna och ta bort skalet. Soppan kan även mosas i en matberedare eller mixer. Antonietta serverade soppan med nyriven Parmigiano-Reggiano, även om hon berättade att det är traditionellt i den regionen att krydda soppan med färska gröna chilifrön. Tillsammans med den rivna osten gav han en tallrik chili och en kniv till varje gäst att hacka och lägga till sin egen.

2 koppar<u>Abruzzo stil ragout</u>, eller en annan kött- eller tomatsås

3 koppar vatten

4 koppar kokta cannellinibönor eller torkade eller konserverade tranbär, avrunna

Salta och nymalen svartpeppar efter smak.

4 uns spagetti, skuren eller riven i 2-tums bitar

Nyriven Parmigiano-Reggiano

1 eller 2 färska gröna chili, såsom jalapenos (valfritt)

1. Förbered ragù, om det behövs. Blanda sedan ragù och vatten i en stor gryta. Passera bönorna genom en kvarn i grytan. Koka på låg värme, rör om då och då, tills soppan är varm. Salta och peppra efter smak.

Två. Tillsätt pastan och blanda väl. Koka, rör om ofta, tills pastan är slät. Tillsätt lite vatten om soppan blir för tjock.

3. Servera varm eller varm. Mosa osten och färsk chili, om du använder, separat.

Pasta och bönor

Pasta och bönor

För 8 portioner

Denna napolitanska version av bön- och pastasoppa (känd i vardagsspråket "pasta fazool") serveras vanligtvis mycket tjock, men bör fortfarande ätas med en sked.

1 1/4 kopp olivolja

2 revbensselleri, hackad (ca 1 kopp)

2 vitlöksklyftor, fint hackade

1 kopp färska tomater skalade, kärnade och hackade, eller konserverade tomater

en nypa mald röd paprika

Salt

3 koppar cannellinibönor eller kokta, torkade eller konserverade bönor, avrunna

8 ounce ditalini eller trasig spagetti

1. Häll oljan i en stor gryta. Tillsätt sellerin och vitlöken. Koka, rör ofta, på medelvärme tills grönsakerna är mjuka och gyllene, cirka 10 minuter. Tillsätt tomater, mald röd peppar och salt efter smak. Koka på låg värme tills det tjocknar lite, ca 10 minuter.

Två. Tillsätt bönorna i tomatsåsen. Låt blandningen koka upp. Krossa några av bönorna med baksidan av en stor sked.

3. Koka upp en stor kastrull med vatten. Tillsätt salt efter smak och sedan pastan. Blanda väl. Koka på hög värme, rör ofta, tills pastan är mjuk men lätt kokt. Häll av pastan, lämna lite av kokvattnet.

fyra. Tillsätt pastan i bönblandningen. Tillsätt eventuellt lite kokvatten, men blandningen ska vara väldigt tjock. Stäng av värmen och låt den vila i cirka 10 minuter innan servering.

Grädde av bönsoppa

Creme di Fagioli

För 4 till 6 portioner

Jag hittade en version av detta recept i A Tavola ("At the Table"), en italiensk matlagningstidning. Den här soppan är krämig och len, ren tröstmat.

3 koppar cannellinibönor eller kokta, torkade eller konserverade bönor, avrunna

Ca 2 koppar hemlagad Köttsoppa eller en blandning av hälften köpt nötköttsbuljong och hälften vatten

1 1/2 kopp mjölk

2 äggulor

1/2 kopp nyriven Parmigiano-Reggiano, plus mer till servering

Salt och nymalen svartpeppar

1. Mosa bönorna i en matberedare, mixer eller kvarn.

Två.Låt soppan sjuda långsamt på medelvärme i en medelstor kastrull. Tillsätt de mosade bönorna och sätt tillbaka till låg värme.

3.Vispa ihop mjölk och äggulor i en liten skål. Häll ungefär en kopp soppa i en skål och rör om tills det är slätt. Häll blandningen i grytan. Koka, rör om, tills den är varm men inte kokar.

fyra. Tillsätt Parmigiano-Reggiano och salta och peppra efter smak. Servera varm med ett extra stänk ost.

Friulisk korn- och bönsoppa

Zuppa di Orzo e Fagioli

Ger 6 portioner

Även om orzo är mest känd i USA som en liten form av pasta, är orzo italienska för korn, en av de tidigaste odlade kornen. Regionen som nu är Friuli i Italien var en gång en del av Österrike. Närvaron av korn avslöjar de österrikiska rötterna till denna soppa.

Om du använder kokta eller konserverade bönor, byt ut 3 koppar eller två 16-ounce burkar avrunna bönor, reducera vattnet till 4 koppar och koka soppan i bara 30 minuter i steg 2, fortsätt sedan enligt anvisningarna.

2 matskedar olivolja

2 uns finhackad bacon

2 hackade revbensselleri

2 morötter, hackade

1 medium hackad lök

1 vitlöksklyfta, finhackad

1 kopp (ca 8 uns) torkad cannellini eller<u>Great Northern Bean</u>

1 1/2 kopp pärlkorn, sköljt och avrunnet

Salt och nymalen svartpeppar

1. Häll olja i en stor gryta. Tillsätt baconet. Koka, rör om ofta, på medelvärme tills pancettan är lätt brynt, cirka 10 minuter. Tillsätt selleri, morot, lök och vitlök. Koka, rör ofta, tills grönsakerna är gyllenbruna, cirka 10 minuter.

Två. Tillsätt bönorna och 8 dl vatten. Koka upp. Täck över och låt sjuda i 1/2 till 2 timmar eller tills bönorna är mjuka.

3. Krossa några av bönorna med baksidan av en stor sked. Tillsätt korn, salt och peppar efter smak. Koka i 30 minuter eller tills kornet är mört. Rör om i soppan ofta för att förhindra att kornet fastnar i botten av grytan. Tillsätt vatten om soppan är för tjock. Servera varm eller varm.

Bön- och svampsoppa

Minister Fagioli och Funghi

För 8 portioner

En kall höstdag i Toscana fick mig att längta efter en god skål med soppa och ledde till en enkel men minnesvärd måltid. På Il Prato, en restaurang i Pienza, meddelade servitören att köket hade förberett en speciell bönsoppa den dagen. Soppan var utsökt, med en jordig, rökig smak som jag senare lärde mig kom från tillsatsen av torkad porcini-svamp. Efter soppan beställde vi den utmärkta pecorinoosten som Pienza är känd för.

1 1/2 uns torkad porcini-svamp

1 kopp varmt vatten

2 medelstora morötter, hackade

1 hackad revbensselleri

1 medium hackad lök

1 kopp färska eller konserverade tomater skalade, kärnade och hackade

1 1/4 kopp hackad färsk persilja

6 hemgjorda koppar<u>Köttsoppa</u>eller<u>Kycklingsoppa</u>eller en blandning av hälften köpt buljong och hälften vatten

3 koppar cannellini eller kokta, torkade eller konserverade bönor, avrunna

1 1/2 kopp medelkornigt ris, såsom Arborio

Salta och nymalen svartpeppar efter smak.

1. Blötlägg svampen i vatten i 30 minuter. Ta bort svampen och spara vätskan. Skölj svampen under kallt vatten för att ta bort sand, var särskilt uppmärksam på stjälkarna, där smuts samlas. Skär svampen i större bitar. Sila vätskan från svampen genom ett papperskaffefilter i en skål och ställ åt sidan.

Två. I en stor gryta, kombinera svampen och deras vätska, morot, selleri, lök, tomat, persilja och fond. Låt det koka. Koka tills grönsakerna är mjuka, ca 20 minuter.

3. Tillsätt bönor och ris samt salt och peppar efter smak. Koka tills riset är mört, 20 minuter, rör om då och då. Servera varm eller varm.

Pasta och bönor Milano

Pasta och Fagioli alla Milanese

För 8 portioner

Rester av färsk pasta, som kallas maltagliati ("dåligt hackad"), används vanligtvis till denna soppa, eller så kan du använda färsk fettuccine skuren i små bitar.

2 matskedar osaltat smör

2 matskedar olivolja

6 färska salviablad

1 msk nymalen rosmarin

4 morötter, hackade

4 hackade revbensselleri

3 medelkokta potatisar, hackade

2 hackade lökar

4 tomater, skalade, kärnade och hackade, eller 2 koppar konserverade tomater, hackade

1 kilogram (ca 2 koppar) torkade tranbär eller cannellinibönor (se Bönor i lantlig stil) eller 4 16-ounce burkar

Ca 8 hemgjorda koppar Köttsoppa eller en blandning av hälften köpt nötkött eller grönsaksbuljong och hälften vatten

Salt och nymalen svartpeppar

8 uns färsk maltagliati eller färsk fettuccine skuren i 1-tums bitar

extra virgin olivolja

1. Smält smöret med oljan på medelvärme i en stor kastrull. Tillsätt salvia och rosmarin. Tillsätt morötter, selleri, potatis och lök. Koka, rör ofta, tills de är mjuka, cirka 10 minuter.

Två. Tillsätt tomaterna och haricots verts. Tillsätt buljong och salt och peppar efter smak. Låt blandningen koka upp. Sjud tills alla ingredienser är mjuka, ca 1 timme.

3.Ta bort hälften av soppan från grytan och sila genom en matkvarn eller puré i en mixer. Häll tillbaka purén i grytan. Blanda väl och tillsätt pastan. Koka upp soppan och stäng sedan av värmen.

fyra.Låt soppan svalna något innan servering. Den serveras varm, med en klick extra jungfruolja och en generös malning av peppar.

Lins- och fänkålssoppa

Zuppa di Lenticchie och Finocchio

För 8 portioner

Linser är en av de äldsta baljväxterna. De kan vara bruna, gröna, röda eller svarta, men i Italien är de bästa linserna de små gröna från Castelluccio i Umbrien. Till skillnad från bönor behöver linser inte blötläggas innan tillagning.

Spara de fjäderlika ändarna av fänkålen för att garnera soppan.

1 kg bruna eller gröna linser, plockade och sköljda

2 medelstora lökar, hackade

2 morötter, hackade

1 medelkokt potatis, skalad och hackad

1 dl hackad fänkål

1 kopp färska eller konserverade tomater, hackade

1 1/4 kopp olivolja

Salt och nymalen svartpeppar

1 kopp tubetti, ditalini eller små musslor

Koppar färsk fänkål, om så önskas

extra virgin olivolja

1. I en stor gryta, kombinera linser, lök, morötter, potatis och fänkål. Tillsätt kallt vatten för att täcka med 1 tum. Koka upp vätskan och koka i 30 minuter.

Två. Tillsätt tomaterna och olivoljan. Salta och peppra efter smak. Koka tills linserna blivit mjuka, ytterligare 20 minuter. Tillsätt lite vatten efter behov för att täcka linsen med vätska.

3. Tillsätt pastan och koka tills pastan är mjuk, 15 minuter till. Smaka av och justera kryddningen. Garnera med en kvist hackad fänkål, om det finns. De serveras varma eller varma, med lite extra jungfruolja.

Spenat-, lins- och rissoppa

Minestra di Lenticchie och spenat

För 8 portioner

Om du tillsätter mindre vatten och utelämnar riset blir den här soppan en tillbehör till fiskfiléer eller grillat fläsk. Istället för spenat kan du använda endivier, kål, grönkål, grönkål eller andra bladgrönsaker.

1 kg linser, plockade och sköljda

6 koppar vatten

3 stora vitlöksklyftor, hackade

1 1/4 kopp extra virgin olivolja

8 uns spenat, stjälkarna avlägsnas och skärs i små bitar

Salt och nymalen svartpeppar

1 kopp kokt ris

1. Blanda linser, vatten, vitlök och olja i en stor gryta. Koka upp och låt sjuda i 40 minuter. Tillsätt lite vatten efter behov för att täcka linsen.

Två. Tillsätt spenaten samt salt och peppar efter smak. Koka tills linserna mjuknat, ytterligare 10 minuter.

3. Tillsätt riset och koka tills det är genomvärmt. Servera varm med en klick extra virgin olivolja.

Lins- och grönsakssoppa

Minestra di Lenticchie e Verdura

Ger 6 portioner

Titta på linserna innan du tillagar dem för att ta bort eventuella stenar eller mindre skräp. För en tjockare soppa, tillsätt en eller två koppar kokt ditalini eller trasig spagetti.

1 1/4 kopp olivolja

1 medium hackad lök

1 hackad revbensselleri

1 medelstor morot, hackad

2 vitlöksklyftor, fint hackade

1/2 kopp konserverade italienska tomater, hackade

8 uns linser (ca 1 kopp), plockade och sköljda

Salt och nymalen svartpeppar

1 pund endive, spenat eller andra bladgrönsaker, putsade och skurna i små bitar

1/2 kopp nyriven pecorino romano eller parmigiano-reggiano

1. Häll olja i en stor gryta. Tillsätt lök, selleri, morot och vitlök och koka på medelvärme i 10 minuter eller tills grönsakerna är mjuka och gyllene. Tillsätt tomaterna och koka i ytterligare 5 minuter.

Två. Tillsätt linser, salt och peppar och 4 dl vatten. Koka upp soppan och koka i 45 minuter eller tills linserna är mjuka.

3. Tillsätt grönsaker. Täck över och koka i 10 minuter, eller tills grönsakerna är mjuka. Smaka av efter kryddor.

fyra. Tillsätt ost precis innan servering. Den serveras varm.

Mosad linssoppa med krutonger

Puré av Lenticchie

Gör 6 till 8 portioner

Skivor av knaprig bröd täcker denna fina umbriska linspuré. För extra smak, gnugga en klyfta rå vitlök på krutongerna medan de fortfarande är varma.

1 kg linser, plockade och sköljda

1 hackad revbensselleri

1 hackad morot

1 stor hackad lök

1 stor kokt potatis, hackad

2 matskedar tomatpuré

Salt och nymalen svartpeppar

2 matskedar extra virgin olivolja, plus mer för servering

8 skivor italienskt eller franskt bröd

1. Lägg linser, grönsaker och tomatpuré i en stor gryta. Tillsätt kallt vatten för att täcka med 2 tum. Koka upp. Koka i 20 minuter. Tillsätt salt efter smak och mer vatten om det behövs för att hålla ingredienserna täckta. Koka i ytterligare 20 minuter eller tills linserna är mjuka.

Två. Töm innehållet i grytan, spara vätskan. Lägg linserna och grönsakerna i en matberedare eller mixer och puré, i omgångar om det behövs, tills det är slätt. Häll tillbaka linserna i grytan. Smaka av med salt och peppar. Värm upp försiktigt, tillsätt eventuellt lite matlagningsvätska.

3. Värm 2 matskedar olivolja i en stor stekpanna på medelvärme. Lägg till brödet i ett enda lager. Koka tills stekt och gyllene på botten, 3 till 4 minuter. Vänd på brödbitarna och grädda i ytterligare 3 minuter.

fyra. Ta bort soppan från värmen. Häll upp i skålar. Lägg en skiva rostat bröd på varje skål. Servera varm, beströdd med olivolja.

Puglia kikärtssoppa

Cecil soppa

Ger 6 portioner

I Puglia görs denna tjocka soppa med korta remsor av färsk pasta som kallas lagane. Färsk fettuccini skuren i 3-tums remsor kan ersättas, liksom små former av torr pasta eller trasig spagetti. Ansjovis används istället för fond för att smaksätta denna soppa, och vatten används som matlagningsvätska. Ansjovisen smälter in i buljongen och ger mycket karaktär utan att märkas.

1/3 kopp olivolja

3 vitlöksklyftor, fint hackade

2 2-tums kvistar färsk rosmarin

4 filéer hackad ansjovis

3 1/2 koppar kokta kikärter eller 2 16-ounce burkar, avrunna och vätska reserverade

4 uns färsk fettuccine, skuren i 3-tums bitar

nymalen svartpeppar

1. Häll olja i en stor gryta. Tillsätt vitlök och rosmarin och koka på medelvärme, pressa vitlöksklyftorna med baksidan av en stor sked, tills vitlöken är gyllenbrun, cirka 2 minuter. Ta bort och släng vitlök och rosmarin. Tillsätt ansjovisfiléerna och koka under omrörning tills ansjovisen har smält, cirka 3 minuter.

Två. Tillsätt kikärtorna i grytan och rör om väl. Mosa hälften av kikärtorna med baksidan av en sked eller en potatisstöt. Tillsätt tillräckligt med vatten eller kikärtskokvätska för att täcka kikärtorna. Koka upp vätskan.

3. Tillsätt pastan. Krydda efter smak med en generös malning av svartpeppar. Koka tills pastan är mjuk, men hård till bettet. Ta den från värmen och låt den stå i 5 minuter. Servera varm med en klick extra virgin olivolja.

Kikärtssoppa och pasta

Cecil soppa

Gör 6 till 8 portioner

I regionen Marche i centrala Italien görs denna soppa ibland med quadrucci, små bitar färsk äggpasta. För att göra quadrucci, skär färsk fettuccine i korta bitar för att bilda små rutor. Låt varje person ringla över sin soppa med lite extra jungfruolja.

Av alla grönsaker är kikärter det svåraste för mig att laga. Ibland tar det mycket längre tid än jag förväntat mig att bli mör. Det är en bra idé att förbereda den här soppan i förväg till steg 2, sedan värma upp och avsluta den när den är klar att serveras för att säkerställa att kikärtorna har tillräckligt med tid att mjukna.

1 kilo torra kikärtor, blötlagda över natten (se<u>Bönor i lantlig stil</u>)

1 1/4 kopp olivolja

1 medium hackad lök

2 hackade revbenfselleri

2 koppar konserverade tomater, hackade

Salt

8 uns musslor eller musslor eller små musslor

nymalen svartpeppar

extra virgin olivolja

1. Häll olja i en stor gryta. Tillsätt löken och sellerin och koka, rör ofta, på medelvärme i 10 minuter eller tills grönsakerna är mjuka och gyllene. Tillsätt tomaterna och låt sjuda. Koka ytterligare 10 minuter.

Två. Låt kikärtorna rinna av och lägg i grytan. Tillsätt 1 tsk salt och kallt vatten för att täcka med 1 tum. Koka upp. Sjud 1/2 till 2 timmar eller tills kikärtorna är mjuka. Tillsätt eventuellt vatten för att hålla kikärtorna täckta.

3. Ca 20 minuter innan kikärtorna kokas, koka upp en stor kastrull med vatten. Tillsätt salt och tillsätt sedan pastan. Koka tills pastan är mjuk. Häll av och lägg i soppan. Smaka

av med salt och peppar. Servera varm med en klick extra virgin olivolja.

Ligurisk kikärts- och porcinisoppa

Pasta och ceci med porcini svamp

För 4 portioner

Det här är min version av soppan gjord i Ligurien. Vissa kockar gör det utan sorghum, medan andra lägger durra till ingredienserna.

1 1/2 uns torkad porcini-svamp

1 kopp varmt vatten

1 1/4 kopp olivolja

2 uns hackad bacon

1 medelstor lök, finhackad

1 medelstor morot, finhackad

1 medelstor selleristjälk, finhackad

1 vitlöksklyfta, finhackad

3 koppar kokta, torkade eller avrunna konserverade kikärter

8 uns mangold, skär korsvis i tunna remsor

1 medelkokt potatis, skalad och hackad

1 kopp färska eller konserverade tomater, skalade, urkärnade och hackade

Salt och nymalen svartpeppar

1 dl ditalini, tubetti eller annan liten pasta

1. Blötlägg svampen i vatten i 30 minuter. Ta bort dem och spara vätskan. Skölj svampen under kallt vatten för att få bort sanden. Skär dem i stora bitar. Sila vätskan genom ett papperskaffefilter i en skål.

Två. Häll olja i en stor gryta. Tillsätt pancetta, lök, morot, selleri och vitlök. Koka, rör ofta, på medelvärme tills löken och andra aromatiska ingredienser blir gyllenbruna, cirka 10 minuter.

3. Tillsätt kikärtorna, mangold, potatis, tomater och svamp med vätskan. Tillsätt vatten för att täcka ingredienserna och salta och peppra efter smak. Koka upp och koka tills

grönsakerna är mjuka och soppan tjocknat, ca 1 timme. Tillsätt vatten om soppan blir för tjock.

fyra. Tillsätt pastan och ytterligare 2 dl vatten. Koka, rör om ofta, i cirka 15 minuter eller tills pastan är mjuk. Låt den svalna lite innan servering.

Toskanskt bröd och grönsakssoppa

ribolit

För 8 portioner

En sommar i Toscana serverades jag den här soppan överallt där jag gick, ibland två gånger om dagen. Jag var aldrig uttråkad eftersom varje kock använde sin egen kombination av ingredienser och det var alltid gott. Det är faktiskt två recept i ett. Den första är blandad grönsakssoppa. Dagen efter värms resterna upp och blandas med föregående dags bröd. Genom att värma upp soppan får den sitt italienska namn, som betyder tillagad. Detta görs vanligtvis på morgonen och soppan får sitta till middag. Ribollita serveras vanligtvis varm eller i rumstemperatur, aldrig ångad.

Se till att du använder ett italienskt eller rustikt bröd av god kvalitet för att få rätt konsistens.

4 hemgjorda koppar<u>Kycklingsoppa</u>eller<u>Köttsoppa</u>eller en blandning av hälften köpt buljong och hälften vatten

11/4 kopp olivolja

2 unga revbenselleri, hackade

2 medelstora morötter, hackade

2 vitlöksklyftor, fint hackade

1 litet huvud rödlök, hackad

1 1/4 kopp hackad färsk persilja

1 matsked färsk hackad salvia

1 msk nymalen rosmarin

1 1/2 pund skalade, kärnade och hackade färska tomater eller
1 1/2 koppar konserverade italienska skal med sin juice, hackad

3 koppar kokta, torkade eller konserverade cannellinibönor, avrunna

2 medelkokta potatisar, skalade och tärnade

2 medelstora zucchini, hackade

1 pund kål eller grönkål, tunt skivad (cirka 4 koppar)

8 uns gröna böror, putsade och skurna i små bitar

Salta och nymalen peppar efter smak.

Cirka 8 uns dagsgammalt italienskt bröd, tunt skivat

extra virgin olivolja

Mycket tunt skivad rödlök (valfritt)

1.Förbered eventuellt soppan. Häll sedan olivolja i en stor gryta. Tillsätt selleri, morot, vitlök, lök och örter. Koka, rör ofta, på medelvärme tills sellerin och andra aromatiska ingredienser mjuknar och får färg, cirka 20 minuter. Tillsätt tomaterna och koka i 10 minuter.

Två. Tillsätt gröna bönor, resterande grönsaker och salt och peppar efter smak. Tillsätt fond och vatten så att det täcker. Koka upp. Sjud på mycket låg värme tills grönsakerna är mjuka, ca 2 timmar. Låt den svalna lite, och om den inte används omedelbart, kyl över natten eller upp till 2 dagar.

3.När du är redo att servera, häll cirka 4 koppar soppa i en mixer eller matberedare. Sila av soppan och överför den sedan till grytan med resten av soppan. Den värms lätt upp.

fyra.Välj en gryta eller gryta som är tillräckligt stor för att rymma brödet och soppan. Lägg ett lager brödskivor på botten. Häll i så mycket soppa att det täcker brödet helt. Upprepa lagren tills all soppa är slut och brödet är fuktigt. Låt det sitta i minst 20 minuter. Den måste vara väldigt tjock.

5.Rör om soppan för att bryta upp brödet. Ringla över extra virgin olivolja och strö över rödlök. Servera varm eller i rumstemperatur.

Vinter squashsoppa

Zuppa di Zucca

För 4 portioner

På fruttivendol, en frukt- och grönsaksmarknad, kan italienska kockar köpa bitar av stora pumpor och andra vintersquashar för att förbereda denna läckra soppa. Jag använder vanligtvis butternut squash eller ekollon. Babura Peperoncino mald röd paprika ger en oväntad kryddighet.

4 hemgjorda koppar<u>Kycklingsoppa</u>eller en blandning av hälften köpt buljong och hälften vatten

2 pund vintersquash, som butternut eller ekollon

$1$1/2 kopp olivolja

2 vitlöksklyftor, fint hackade

en nypa mald röd paprika

Salt

$1$1/4 kopp hackad färsk persilja

1. Förbered eventuellt soppan. Skala sedan pumpan och ta bort kärnorna. Skär i 1 tums bitar.

Två.Häll olja i en stor gryta. Tillsätt vitlök och mald röd paprika. Koka, rör ofta, på medelvärme tills vitlöken är lätt brynt, cirka 2 minuter. Tillsätt pumpa och salt efter smak.

3. Tillsätt soppan och koka på svag värme. Täck över och koka i 35 minuter eller tills zucchinierna är mjuka.

fyra. Använd en hålslev, överför zucchinin till en matberedare eller mixer och puré tills den är slät. Lägg tillbaka purén i soppgrytan. Koka upp soppan och koka i 5 minuter. Tillsätt lite vatten om soppan är för tjock.

5. Salt att smaka. Tillsätt persilja. Den serveras varm.

"kokt vatten" soppa.

Aquacotta

Ger 6 portioner

Den här goda toskanska soppan kräver bara några få grönsaker, ägg och brödrester, varför italienarna skämtsamt kallar den för "kokt vatten". Använd alla tillgängliga svampar.

1 1/4 kopp olivolja

2 revbensselleri, tunt skivade

2 hackad vitlöksklyfta

1 kilo blandade svampar, shiitake och cremini svampar, putsade och skivade

1 pund färska plommontomater, skalade, kärnade och hackade eller 2 dl konserverade tomater

en nypa mald röd paprika

6 ägg

6 skivor italiensk eller fransk toast

4 till 6 matskedar nyriven pecorinoost

1.Häll oljan i en medelstor kastrull. Tillsätt sellerin och vitlöken. Koka, rör ofta, på medelvärme tills de är mjuka, cirka 5 minuter.

Två. Tillsätt svampen och koka, rör om då och då, tills svampsaften avdunstar. Tillsätt tomater och mald röd paprika och koka i 20 minuter.

3.Tillsätt 4 dl vatten och salt efter smak. Koka upp. Koka i ytterligare 20 minuter.

fyra. Knäck ett ägg i koppen precis innan servering. Lägg försiktigt ner ägget i den varma soppan. Upprepa med de återstående äggen. Täck över och koka på mycket låg värme i 3 minuter eller tills äggen är kokta efter smak.

5.Lägg en skiva rostat bröd i varje serveringsskål. Häll försiktigt ägget ovanpå och häll den varma soppan över. Strö över ost och servera genast.

Pumpa pesto soppa

Zuppa di Zucchini med pesto

För 4 till 6 portioner

Doften av pesto i den varma soppan är oemotståndlig.

2 hemgjorda koppar Kycklingsoppa eller en blandning av hälften köpt buljong och hälften vatten

3 matskedar olivolja

2 medelstora lökar, hackade

4 små squash (ca 1 1/4 pund), tvättade och hackade

3 medelkokta potatisar, skalade och hackade

Salta och nymalen svartpeppar efter smak.

1 kopp trasig spagetti

pesto

2 till 3 stora vitlöksklyftor

1 1/2 kopp färsk basilika

1 1/4 kopp färsk italiensk persilja

1/2 kopp riven Parmigiano-Reggiano, plus mer för att strö över

2 till 3 matskedar extra virgin olivolja

Salt och nymalen svartpeppar

1. Förbered eventuellt soppan. Häll sedan oljan i en medelstor skål. Tillsätt löken. Koka, rör ofta, på medelvärme tills löken är mjuk och gyllene, cirka 10 minuter. Tillsätt squash och potatis och koka, rör om då och då, i 10 minuter. Tillsätt kycklingfonden och 4 dl vatten. Koka upp vätskan och koka i 30 minuter. Salta och peppra efter smak.

Två. Tillsätt pastan. Koka på låg värme i ytterligare 15 minuter.

3. Förbered peston: Finhacka vitlök, basilika och persilja i en matberedare. Tillsätt osten och ringla gradvis i olivoljan tills du får en tjock pasta. Smaka av med salt och peppar.

fyra.Överför pesto till medium skål; Vispa ner ca 1 dl av den varma soppan i peston med en visp. Rör ner blandningen i grytan med den återstående soppan. Låt stå i 5 minuter. Smaka av och justera kryddningen. Servera med ytterligare ost.

Purjolökssoppa, tomater och bröd

Påven av Pomodoro

För 4 portioner

Toscaner äter mycket soppa och gör den ofta med bröd istället för pasta eller ris. Detta är en favorit i början av hösten när det finns gott om mogna tomater och färsk purjolök. Den är också god på vintern, gjord på konserverade tomater.

6 hemgjorda koppar<u>Kycklingsoppa</u>eller en blandning av hälften köpt buljong och hälften vatten

3 matskedar olivolja, plus mer för att kasta

2 medelstora purjolökar

3 stora vitlöksklyftor

en nypa mald röd paprika

2 koppar färska tomater skalade, urkärnade och hackade eller konserverade tomater

Salt

½ dag gammalt italienskt fullkornsbröd, skuret i 1-tums tärningar (cirka 4 koppar)

1 1/2 kopp färsk hackad basilika

extra virgin olivolja

1. Förbered eventuellt soppan. Skär sedan roten och den mörkgröna delen av purjolöken. Skär purjolöken på mitten på längden och skölj väl under kallt vatten. hacka väl

Två. Häll olja i en stor gryta. Tillsätt purjolöken och koka, rör ofta, på medelhög värme tills den mjuknat, cirka 5 minuter. Tillsätt vitlök och mald röd paprika.

3. Tillsätt tomaterna och fonden och låt koka upp. koka i 15 minuter, rör om då och då. Salt att smaka.

fyra. Tillsätt bröd till soppan och koka i 20 minuter, rör om då och då. Soppan ska vara tjock. Tillsätt eventuellt mer bröd.

5. Avlägsna från värme. Tillsätt basilika och låt stå i 10 minuter. Servera varm med en klick extra virgin olivolja.

Zucchini och tomatsoppa

Zuppa di Zucchine och Pomodori

Ger 6 portioner

Även om små squashar smakar bättre, fungerar större grönsaker också bra i den här soppan eftersom deras vatten och skamlöshet inte syns med alla andra läckra ingredienser.

5 hemgjorda koppar<u>Kycklingsoppa</u>eller en blandning av hälften köpt buljong och hälften vatten

3 matskedar olivolja

1 medelstor lök, finhackad

1 hackad vitlöksklyfta

1 tsk färsk hackad rosmarin

1 tsk färsk hackad salvia

1/2 dl skalade, urkärnade och hackade tomater

1 1/2 kg zucchini, hackad

Salt och nymalen svartpeppar

3 koppar gammaldags italienska eller franska brödtärningar

Nyriven Parmigiano-Reggiano

1.Förbered eventuellt soppan. Häll sedan olja i en stor gryta. Tillsätt lök, vitlök, rosmarin och salvia. Koka på medelvärme, rör ofta, tills löken är gyllenbrun, cirka 10 minuter.

Två. Tillsätt tomaterna och blanda väl. Tillsätt soppan och koka på svag värme. Tillsätt zucchinin och koka i 30 minuter eller tills de är mjuka. Smaka av med salt och peppar.

3.Lägg till brödtärningar. Koka tills brödet är mjukt, ca 10 minuter. Låt den vila ytterligare 10 minuter innan servering. Servera med riven Parmigiano-Reggiano.

Zucchini och potatissoppa

Zucchini och potatissoppa

För 4 portioner

Denna soppa är typisk för vad som kan serveras i syditalienska hem på sommaren. Byt gärna ut det som en italiensk kock skulle göra, ersätt zucchinin med andra grönsaker som haricots verts, tomater eller spenat, och ersätt persiljan med basilika eller mynta.

6 hemgjorda koppar<u>Kycklingsoppa</u>eller en blandning av hälften köpt buljong och hälften vatten

2 matskedar olivolja

1 medelstor lök, finhackad

1 kilo kokt potatis (ca 3 medelstora), skalad och hackad

1 kilo zucchini (ca 4 små), skalade och hackade

Salt och nymalen svartpeppar

2 matskedar hackad platt persilja

Nyriven Parmigiano-Reggiano eller Pecorino Romano

1. Förbered eventuellt soppan. Häll sedan oljan i en medelstor skål. Tillsätt löken och koka, rör om ofta, på medelvärme tills den mjuknat och gyllene, cirka 10 minuter.

Två. Tillsätt potatisen och zucchinin. Tillsätt buljong och salt och peppar efter smak. Koka upp och koka tills grönsakerna är mjuka, ca 30 minuter.

3. Salta och peppra efter smak. Tillsätt persilja. Servera med riven ost.

Grädde av fänkålssoppa

Zuppa di Finocchio

Ger 6 portioner

Potatis och fänkål har en samhörighet med varandra. Servera denna soppa garnerad med hackade fänkålsblad och en klick extra virgin olivolja.

6 hemgjorda koppar<u>Kycklingsoppa</u>eller en blandning av hälften köpt buljong och hälften vatten

2 stora purjolökar, hackade

3 medelstora fänkålslökar (cirka 2 1/2 pund)

2 matskedar osaltat smör

1 matsked olivolja

5 kokta potatisar, skalade och skurna i skivor

Salt och nymalen svartpeppar

extra virgin olivolja

1.Förbered eventuellt soppan. Skär sedan purjolöken på mitten på längden och skölj väl för att få bort eventuella spår av sand mellan lagren. Skär i stora bitar.

Två. Skär ner fänkålsstjälkarna till lökarna, lämna några av de fjädergröna bladen till garnering. Skär basen och bruna fläckar. Skär lökarna i tunna skivor.

3.Smält smöret med oljan på medelvärme i en stor kastrull. Tillsätt purjolöken och koka tills den mjuknat, ca 10 minuter. Tillsätt fänkål, potatis, buljong samt salt och peppar efter smak. Koka upp och koka tills grönsakerna är mjuka, ca 1 timme.

fyra. Använd en hålslev och överför grönsakerna till en matberedare eller mixer. Bearbeta eller blanda tills den är slät.

5.Lägg tillbaka grönsakerna i grytan och värm försiktigt. Häll i soppskålar, strö över separata toppar av fänkålen och ringla över olivolja. Den serveras varm.

Svamp- och potatissoppa

Svamp- och potatissoppa

Ger 6 portioner

Här är ytterligare en soppa från Friuli-Venezia Giulia, en region känd för sina utmärkta svampar. Färska porcinisvampar skulle användas här, men eftersom de är svåra att hitta, ersätter jag en kombination av vilda och odlade svampar. Både potatis och korn tillsätts som förtjockningsmedel.

8 hemgjorda koppar<u>Köttsoppa</u>eller en blandning av hälften köpt buljong och hälften vatten

2 matskedar olivolja

2 uns skivad pancetta, finhackad

1 medelstor lök, finhackad

2 revbensselleri, finhackad

1 pund blandade svampar som blanco, cremini och portabello

4 matskedar hackad färsk persilja

2 vitloksklyftor, fint hackade

3 medelkokta potatisar, skalade och hackade

Salt och nymalen svartpeppar

1 1/2 kopp pärlkorn

1. Förbered eventuellt soppan. Häll olja i en stor gryta. Tillsätt baconet. Koka, rör ofta, på medelvärme tills de är gyllenbruna, cirka 10 minuter. Tillsätt löken och sellerin och koka, rör om då och då, tills den mjuknat, cirka 5 minuter.

Två. Tillsätt svampen, 2 msk persilja och vitlök. Koka, rör ofta, tills svampsaften avdunstar, cirka 10 minuter.

3. Tillsätt potatis, salt och peppar. Tillsätt soppan och koka på svag värme. Tillsätt kornet och låt puttra utan lock i 1 timme eller tills kornet är mört och soppan har tjocknat.

fyra. Strö över resten av persiljan och servera varm.

Blomkålsgrädde

Vellutata di Cavolfiore

Ger 6 portioner

En elegant soppa att servera i början av en speciell middag. Om du har lite olja eller tryffelpasta, försök att lägga till lite i soppan precis innan servering, utan osten.

1 medelstor blomkål, putsad och skuren i 1-tums buketter

Salt

3 matskedar osaltat smör

1 1/4 kopp universalmjöl

Ca 2 koppar mjölk

nyriven muskotnöt

1 1/2 kopp tung grädde

1/4 dl nyriven Parmigiano-Reggiano

1.Koka upp en stor kastrull med vatten. Tillsätt blomkålen och salt efter smak. Koka tills blomkålen är mjuk, ca 10 minuter. Dränera väl.

Två. Smält smöret på medelvärme i en medelstor stekpanna. Tillsätt mjölet och blanda väl i 2 minuter. Tillsätt långsamt 2 koppar mjölk och salt efter smak. Koka upp och låt koka i 1 minut, under konstant omrörning, tills den tjocknat och slät. Avlägsna från värme. Tillsätt muskotnöt och grädde.

3.Överför blomkålen till en matberedare eller mixer. Puré, tillsätt eventuellt lite sås för att göra purén slät. Överför purén till pannan med den återstående såsen. Blanda väl. Den värms upp något, tillsätt eventuellt mer mjölk för att få en tjock soppa.

fyra. Avlägsna från värme. Smaka av och justera kryddningen. Tillsätt ost och servera.

Siciliansk tomat- och kornsoppa

Orzo alla Siciliana

För 4 till 6 portioner

Istället för att riva osten serverar sicilianerna ofta soppan med finhackad ost. Det löser sig aldrig helt i soppan och man kan känna lite ost i varje tugga.

8 hemgjorda koppar<u>Kycklingsoppa</u>eller<u>Köttsoppa</u>eller en blandning av hälften köpt buljong och hälften vatten

8 uns pärlkorn, avrunnen och sköljd

2 medelstora tomater, skalade, kärnade och hackade, eller 1 kopp konserverade tomater, hackade

1 revben selleri, finhackad

1 medelstor lök, finhackad

Salt och nymalen svartpeppar

1 kopp tärnad Pecorino Romano

1.Förbered eventuellt soppan. Kombinera soppan, korn och grönsaker i en stor kastrull och låt koka långsamt. Koka tills kornet är mjukt, ca 1 timme. Tillsätt vatten om soppan blir för tjock.

Två. Krydda med salt och peppar efter smak. Häll upp soppan i skålar, strö ost över.

röd paprika soppa

Zuppa di Peperoni Rossi

Ger 6 portioner

Den livliga röd-orange färgen på denna soppa är ett attraktivt och lämpligt tecken på dess läckra och uppfriskande smak. Den var inspirerad av en soppa jag provade på Il Cibreo, en populär trattoria i Florens. Jag gillar att servera den med varm focaccia.

6 hemgjorda koppar<u>Kycklingsoppa</u>eller en blandning av hälften köpt buljong och hälften vatten

2 matskedar olivolja

1 medium hackad lök

1 hackad revbensselleri

1 hackad morot

5 stora röda paprikor, kärnade och hackade

5 medelkokta potatisar, skalade och hackade

2 tomater, rensade och hackade

Salt och nymalen svartpeppar

1 kopp mjölk

Nyriven Parmigiano-Reggiano

1. Förbered eventuellt soppan. Häll sedan olja i en stor gryta. Tillsätt lök, selleri och morot. Koka, rör ofta, på medelvärme tills grönsakerna är mjuka och gyllene, cirka 10 minuter.

Två. Tillsätt paprikan, potatisen och tomaterna och blanda väl. Tillsätt soppan och koka på svag värme. Sänk värmen och låt sjuda i 30 minuter eller tills grönsakerna är mjuka.

3. Använd en hålslev och överför grönsakerna till en matberedare eller mixer. Puré tills den är slät.

fyra. Häll grönsakspurén i grytan. Värm soppan på låg värme och tillsätt mjölken. Låt inte soppan koka. Salta och peppra efter smak. Servera varm, beströdd med ost.

Fontina, bröd och kålsoppa

Zuppa alla Valpelline

Ger 6 portioner

Ett av mina bästa minnen från Valle d'Aosta är den regionala smaksatta fontinaosten och utsökt fullkornsbröd. Osten är framställd av komjölk och mognad i bergsgrottor. Leta efter ost med en naturlig svål och en siluett av ett berg tryckt på toppen för att se till att du får riktig fontina. Använd gott bröd till denna matiga soppa. Savoykål har en mildare smak än slätbladssorten.

8 hemgjorda koppar<u>Köttsoppa</u>eller en blandning av hälften köpt nötköttsbuljong och hälften vatten

2 matskedar osaltat smör

1 liten vitkål, finriven

Salt

1/4 teskedar nymalen muskotnöt

1 1/4 tsk mald kanel

nymalen svartpeppar

12 uns Fontina Valle d'Aosta

12 skivor råg- eller fullkornsbröd utan kärnor, rostade

1. Förbered eventuellt soppan. Smält sedan smöret i en stor gryta. Tillsätt kål och salt efter smak. Täck över och låt sjuda i 30 minuter, rör om då och då, tills kålen är mjuk.

Två. Värm ugnen till 350 ° F. Placera buljong, muskotnöt, kanel, salt och peppar i en stor kastrull och låt sjuda försiktigt på medelvärme.

3. Lägg 4 skivor bröd i botten av en 3-liters ugnsfast gryta eller djup, tung gryta eller ugnsform. Toppa med hälften av kålen och en tredjedel av osten. Upprepa med det andra lagret av bröd, kål och ost. Täck med resten av brödet. Häll försiktigt i den varma soppan. Skär den reserverade osten i små bitar och fördela över soppan.

fyra. Grädda grytan tills den är gyllenbrun och bubblar, ca 45 minuter. Låt stå 5 minuter innan servering.

krämig svampsoppa

Zuppa di Funghi

För 8 portioner

Thanksgiving är inte en högtid som firas i Italien, men jag serverar ofta denna norditalienska krämiga färska och torkade svampsoppa som en del av min semestermeny.

8 hemgjorda koppar<u>Köttsoppa</u>eller en blandning av hälften köpt nötköttsbuljong och hälften vatten

1 uns torkad porcini-svamp

2 koppar varmt vatten

2 matskedar osaltat smör

1 medelstor lök, finhackad

1 vitlöksklyfta, finhackad

1 kg vit svamp, tunt skivad

1 1/2 kopp torrt vitt vin

1 matsked tomatpuré

1 1/2 kopp tung grädde

Nyhackad persilja, till garnering

Salt och nymalen svartpeppar

1. Förbered eventuellt soppan. Lägg sedan ner porcini-svamparna i vattnet och låt dem dra i 30 minuter. Ta bort svampen från skålen och spara vätskan. Skölj svampen under kallt vatten för att ta bort sand, var särskilt uppmärksam på ändarna på stjälkarna där smuts samlas. Skär svampen i större bitar. Sila svampvätskan genom ett papperskaffefilter i en skål.

Två. Smält smöret i en stor kastrull på medelvärme. Tillsätt lök och vitlök och koka i 5 minuter. Tillsätt all svamp och koka, rör om då och då, tills svampen är lätt brynt, cirka 10 minuter. Salta och peppra efter smak.

3. Tillsätt vinet och låt det koka upp. Tillsätt fond, svampvätska och tomatpuré. Sänk värmen och koka i 30 minuter.

fyra.Rör ner grädden. Strö över persilja och servera genast.

Grönsakssoppa med pesto

Pesto Minestrone

Gör 6 till 8 portioner

I Ligurien läggs en sked doftande pestosås till minestroneskålarna. Det spelar ingen roll, men det förhöjer verkligen soppans smak.

1 1/4 kopp olivolja

1 medium hackad lök

2 morötter, hackade

2 hackade revbensselleri

4 mogna tomater, skalade, urkärnade och hackade

1 kilo smogo eller spenat, hackad

3 medelkokta potatisar, skalade och hackade

3 mindre pumpor, hackade

8 uns gröna bönor, skurna i 1/2-tums bitar

8 uns färska cannellini- eller borlottibönor utan skal eller 2 koppar kokta, torkade eller konserverade bönor, avrunna

Salt och nymalen svartpeppar

1 receptpesto

4 uns liten pasta, såsom tubetti eller armbågar

1. Häll olja i en stor gryta. Tillsätt löken, moroten och sellerin. Koka, rör ofta, på medelvärme tills grönsakerna är mjuka och gyllene, cirka 10 minuter.

Två. Tillsätt tomater, mangold, potatis, zucchini och gröna bönor. Tillsätt tillräckligt med vatten för att täcka grönsakerna. Salta och peppra efter smak. Koka, rör om då och då, tills soppan tjocknar och grönsakerna är mjuka, cirka 1 timme. Tillsätt lite vatten om den är för tjock.

3. Förbered under tiden peston om det behövs. När soppan tjocknar, tillsätt pastan. Koka under omrörning tills pastan är mjuk, cirka 10 minuter. Låt det svalna lite. Servera varm med en skål pesto vid bordet, eller servera soppan i skålar och lägg lite pesto i mitten av varje.

Pavia äggsoppa

Zuppa alla Pavese

För 4 portioner

Pocherade ägg på lager är en snabb och god måltid. Soppan är klar att servera när vitorna stelnat och äggulorna fortfarande är mjuka.

2 inhemska liter<u>Köttsoppa</u>eller en blandning av hälften köpt buljong och hälften vatten

4 skivor lantbröd, lätt rostade

4 stora ägg, i rumstemperatur

4 till 6 matskedar nyriven Parmigiano-Reggiano

Salt och nymalen svartpeppar

1.Förbered eventuellt soppan. Om den inte är färsk, värm soppan på låg värme. Smaka av med salt och peppar.

Två.Förbered 4 skålar varm soppa. Lägg en skiva rostat bröd i varje skål och knäck sedan ett ägg på varje skiva rostat bröd.

3.Häll den varma soppan över äggen så att den täcker några centimeter. Strö över ost. Låt stå tills äggvitan är kokt efter smak. Den serveras varm.

salt syrlig deg

Frolla pastasallad

Ger en 9- till 10-tums pajskal

En välsmakande pajliknande paj kan göras med ost, ägg och grönsaker. Dessa bakverk är goda i rumstemperatur eller varma och kan serveras som en individuell piatto (en rätt) eller som förrätt. Den här degen är bra för alla typer av salta kakor.

Jag breder ut den här degen mellan två plastark. Det förhindrar att degen fastnar på bakplåten och kaveln, så det finns ingen anledning att tillsätta mer mjöl som kan göra degen seg. För att göra skorpan på botten knaprig bryner jag skorpan delvis innan jag lägger på fyllningen.

1 1/2 dl universalmjöl

1 tesked salt

1 1/2 kopp (1 pinne) osaltat smör, vid rumstemperatur

1 äggula

3 till 4 matskedar isvatten

1. Förbered degen: Blanda mjöl och salt i en stor skål. Använd en stavmixer eller en gaffel och skär i smöret tills blandningen liknar grova smulor.

Två. Vispa äggulan tillsammans med 2 msk vatten. Strö blandningen över mjölet. Blanda försiktigt tills degen är jämnt fuktad och går ihop utan att fastna. Tillsätt eventuellt det återstående vattnet.

3. Forma degen till en skiva. Slå in i plast. Kyl i 30 minuter eller över natten.

fyra. Om degen stått i kylskåp över natten, låt den komma till rumstemperatur i 20 till 30 minuter innan du kavlar ut den. Placera degen mellan två ark plastfolie och rulla till en 12-tums cirkel, vänd degen och flytta plastfolien för varje varv. Ta bort det översta lagret av plastfolie. Använd det återstående arket för att höja degen, centrera degen med plastsidan uppåt i en 9- till 10-tums kakform med avtagbar botten. Ta bort plastfolien. Tryck försiktigt in degen i botten och längs sidorna.

5. Rulla toppen av formen med en kavel och skär degen som kommer ut. Tryck ut degen mot kanten av formen för att göra en kant högre än kanten på formen. Kyl degen i kylen i 30 minuter.

6. Placera gallret i nedre tredjedelen av ugnen. Värm ugnen till 450 ° F. Använd en gaffel och stick botten av pajskalet med 1-tums mellanrum. Grädda i 5 minuter och stick sedan hål i degen igen. Grädda tills det är klart, ytterligare 10 minuter. Ta bort skorpan från ugnen. Låt den svalna på grill i 10 minuter.

Tårta med spenat och ricotta

Spenat tårta

För 8 portioner

Jag åt den här typen av kakor på Ferrari, en av mina favoritrestauranger i Rom. Något som liknar quiche, den är gjord på ricotta för att ge den mer krämighet. Den är idealisk för lunch eller mellanmål, serverad med en sallad och kylt pinot gris-vin.

1 receptsalt syrlig deg

Ladda

1 kilo spenat, hackad och tvättad

1 1/4 kopp vatten

1/2 dl hel eller delvis skummad ricotta

1 1/2 kopp tung grädde

3/4 dl nyriven Parmigiano-Reggiano

2 stora ägg, vispade

1/4 teskedar nyriven muskotnöt

Salt och nymalen svartpeppar

1. Förbered och baka delvis skorpan. Sänk ugnstemperaturen till 375°F.

Två. Förbered under tiden fyllningen. Lägg spenaten i en stor kastrull på medelvärme med vatten. Täck över och koka i 2 till 3 minuter eller tills den är mjuk och mjuk. Häll av och kyl. Slå in spenaten i en luddfri trasa och krama ur så mycket vatten som möjligt. Hacka spenaten fint.

3. I en stor skål, blanda spenat, ricotta, grädde, ost, ägg, muskotnöt och salt och peppar efter smak. Skrapa blandningen i det förberedda pajskalet.

fyra. Grädda i 35 till 40 minuter eller tills fyllningen är fast och lätt gyllene.

5. Kyl ner tårtan i formen i 10 minuter. Ta bort ytterkanten och lägg tårtan på ett serveringsfat. Servera varm eller i rumstemperatur.

purjolöktärta

Crostata di Porri

Gör 6 till 8 portioner

Jag åt den här kakan i en enoteca eller vinbar i Bologna. Den nötiga smaken av parmigiano och grädde förstärker purjolökens söta smak. Den kan också göras med sauterade svampar eller paprika istället för purjolök.

1 receptsalt syrlig deg

Ladda

4 medelstora purjolökar, ca 1 1/4 kilo

3 matskedar osaltat smör

Salt

2 stora ägg

3 1/4 kopp tung grädde

1/3 kopp nyriven Parmigiano-Reggiano

nyriven muskotnöt

nymalen svartpeppar

1.Förbered och baka delvis skorpan. Sänk ugnstemperaturen till 375°F.

Två.Förbered fyllningen: putsa roten och det mesta av purjolökens gröna toppar. Skär dem på mitten på längden och skölj väl mellan varje lager under kallt vatten. Skär purjolöken i tunna tvärgående skivor.

3.Smält smöret i en stor stekpanna på medelvärme. Tillsätt purjolöken och en nypa salt. Koka, rör ofta, tills purjolöken är mjuk när den stickas hål med en kniv, cirka 20 minuter. Ta kastrullen från värmen och låt den svalna.

fyra.I en medelstor skål, vispa ihop ägg, grädde, ost och en nypa muskotnöt. Tillsätt purjolök och peppar efter smak.

5.Häll blandningen i det delvis gräddade pajskalet. Grädda i 35 till 40 minuter eller tills fyllningen stelnat. Servera varm eller i rumstemperatur.

Smörgåsar med mozzarella, basilika och rostad paprika

Panini med mozzarella

För 2 portioner

Ibland gör jag den här smörgåsen genom att byta ut basilikan mot ruccola och den röda paprikan mot prosciutto.

4 uns färsk mozzarellaost, skuren i 8 skivor

4 skivor bybröd

4 blad färsk basilika

1/4 dl rostad röd eller gul paprika, tunt skivad

1. Skär mozzarellaskivorna så att de passar brödet. Om mozzarellan är saftig, torka ut den. Lägg hälften av osten i ett lager på två brödskivor.

Två. Strö basilika och paprika över osten och toppa med resterande mozzarella. Lägg resten av brödet ovanpå och tryck till ordentligt med händerna.

3.Hetta upp en smörgåspress eller grillpanna. Lägg smörgåsarna i pressen och koka tills de är rostade, cirka 4 till 5 minuter. Om du använder en bakplåt, lägg en tung vikt ovanpå, till exempel en plåt. Vänd smörgåsarna när de är gyllene på ena sidan, häll över vikterna och stek den andra sidan. Den serveras varm.

Smörgåsar med spenat och robiola

Panino di Spinaci och Robiola

För 2 portioner

Focaccia ger en fin smak och konsistens till pressad panini. Du kan byta ut spenaten mot andra grönsaker eller använda överblivna grönsaker. Till ost använder jag gärna robiola, en mjuk krämig ost gjord på ko-, get- eller fårmjölk eller en kombination, från Piemonte och Lombardiet. Andra alternativ är färsk getost eller till och med vispad ost. Tillsätt en droppe eller två tryffelolja till fyllningen för en jordnära smak och lyxig touch.

1 paket (10 uns) färsk spenat

4 uns färsk robiola eller getostersättning

Tryffelolja (valfritt)

2 rutor eller en skiva färsk focaccia

1. Lägg spenaten i en stor gryta på medelvärme med 1/4 dl vatten. Täck över och koka i 2 till 3 minuter eller tills den är

mjuk och mjuk. Häll av och kyl. Slå in spenaten i en luddfri trasa och krama ur så mycket vatten som möjligt.

Två. Finhacka spenaten och lägg i en medelstor skål. Tillsätt osten och blanda spenaten med osten. Om så önskas, tillsätt en droppe eller två tryffelolja.

3.Använd en lång tandad kniv och skär försiktigt focaccia på mitten, horisontellt. Bred ut blandningen på de nedre halvorna av focaccia. Lägg topparna på smörgåsarna och platta till dem något.

fyra. Hetta upp en smörgåspress eller grillpanna. Om du använder en press, lägg smörgåsarna i pressen och koka tills de är rostade, ca 4-5 minuter. Om du använder en grillpanna, placera smörgåsarna i pannan och sedan en tyngre vikt, till exempel en stekpanna, ovanpå.

5.När de fått färg på ena sidan, vänd på smörgåsarna, täck med en tyngd och stek den andra sidan. Den serveras varm.

Riviera smörgås

Panino della Riviera

För 4 portioner

Den geografiska gränsen som skiljer Italien och Frankrike innebär ingen skillnad i maten som konsumeras av båda sidor. Med ett liknande klimat och geografi delar människor som bor längs de italienska och franska kusterna mycket liknande matvanor. Ett exempel är den franska pan bagnat och den italienska pane bagnato, som betyder "blött bröd", ibland kallad Riviera sandwich i Italien. Kastad med en livlig vinägrettdressing, är denna saftiga smörgås fylld med tonfisk och rostad paprika. På den italienska sidan av gränsen byts tonfisken ut mot mozzarella och ansjovis tillsätts, men resten är i stort sett sig likt. Det här är den perfekta smörgåsen att ta med på en picknick eftersom smakerna passar så bra ihop och det blir bara bättre som det är.

1 italiensk limpa, ca 12 tum lång

Bandage

1 vitlöksklyfta, mycket fint hackad

1 1/4 kopp olivolja

2 matskedar vinäger

1 1/2 tsk torkad oregano, krossad

Salt och nymalen svartpeppar

2 mogna tomater, skivade

1 burk (2 uns) ansjovis

8 uns skivad mozzarella

2 stekta Babura paprika, skalade och täckta med frön

12 oliver torkade i olja, urkärnade och hackade

1. Skär brödet på mitten på längden och gröp ur det mjuka brödet inuti.

Två. Blanda ingredienserna till dressingen i en liten skål och häll hälften av dressingen över de skurna sidorna av brödet. Toppa den nedre halvan av brödet med tomater, ansjovis, mozzarella, rostad paprika och oliver, täck varje lager med lite av toppingen.

3. Placera toppen av smörgåsen och tryck ihop den. Slå in i folie och täck med en bräda eller tjock panna. Låt stå i rumstemperatur i upp till 2 timmar eller kyl över natten.

fyra. Skär i 3-tums breda smörgåsar. Den serveras i rumstemperatur.

Trekantiga smörgåsar med tonfisk och rostad paprika

Tramezzini al Tonno e Pepperoni

Gör 3 smörgåsar

Några av samma smaker av den rejäla Riviera-smörgåsen finns i denna delikata trekantiga smörgås som jag provade på ett rumänskt favoritkafé. Tonfisken kryddades med fänkålsfrön, men jag gillar att ersätta fänkålspollen, som inte är något annat än malda fänkålsfrön, men har mer smak. Idag används den av många kockar och kan hittas i specialitetsbutiker med torra örter samt på Internet. Om du inte hittar fänkålspollen, byt ut fänkålsfrön som du kan mala själv i en kryddkvarn eller hacka med en kniv.

1 liten stekt röd paprika, avrunnen och skär i tunna strimlor

extra virgin olivolja

Salt

1 burk (31/2 uns) italiensk tonfisk packad i olivolja

2 matskedar majonnäs

1 till 2 teskedar färsk citronsaft

1 msk hackad vårlök

1 tsk fänkålspollen

4 skivor vitt kvalitetsbröd

1.Belägg den rostade paprikan med lite olja och salt.

Två.Häll av tonfisken och lägg i en skål. Bryt upp tonfisken väl med en gaffel. Blanda majonnäs, citronsaft efter smak och salladslök.

3.Bred ut tonfisken på två brödskivor. Lägg paprikastrimlor ovanpå. Täck med resten av brödet, tryck ner försiktigt.

fyra. Skär skorpan på brödet med en stor kockkniv. Skär smörgåsarna på mitten diagonalt så att de bildar två trianglar. Servera omedelbart eller täck tätt med plastfolie och ställ i kylen tills den ska serveras.

Trekantiga smörgåsar med skinka och fikon

Tramezzini di Prosciutto e Fichi

Gör 2 smörgåsar

Prosciuttons salta smak och fikonens sötma ger en fin kontrast i denna smörgås. Den är väldigt god som aperitif om man skär den i fjärdedelar. Servera med mousserande prosecco.

Osaltat smör, i rumstemperatur

4 skivor vitt kvalitetsbröd

Ca 2 matskedar fikonmarmelad

4 tunna skivor importerad italiensk prosciutto

1. Bred lite smör på ena sidan av varje brödskiva. Bred ut ca 2 tsk fikonmarmelad ovanpå smöret på varje skiva.

Två.Lägg två skivor Serranoskinka i mitten av skivorna. Lägg de återstående brödskivorna med syltsidan nedåt ovanpå Serranoskinkan.

3. Skär skorpan på brödet med en stor kockkniv. Skär smörgåsarna på mitten diagonalt så att de bildar två trianglar. Servera omedelbart eller täck med plastfolie och ställ i kylen.

Mogna Amaretto-äpplen

Mele al'Amaretto

Ger 6 portioner

Amaretto är en söt dryck; amaretti är korta kakor. Båda italienska produkterna är smaksatta med två typer av mandel: den välbekanta varianten plus en lite bitter mandel som inte äts på egen hand, även om den i Italien ofta används för att smaksätta desserter. Amaro betyder "bitter" och likören och kakorna fick sitt namn efter dessa mandlar. Båda är allmänt tillgängliga: kakor i specialbutiker och via postorder, och sprit i många spritbutiker.

Det mest kända märket av amaretti-kakor är förpackade i igenkännliga röda lådor eller lådor. Kakorna slås in parvis i hushållspapper. Det finns andra märken av amaretti som förpackar kakor i påsar. Jag har alltid Amaretti hemma. Den hålls länge och avnjuts till en kopp te eller som ingrediens i olika söta och salta rätter.

Guldäpplen är min favorit att baka. De närodlade är söta och krispiga, men håller formen väldigt bra när de tillagas.

6 äpplen för bakning, som en gyllene delikatess

6 amarettikex

6 matskedar socker

2 matskedar osaltat smör

6 matskedar amaretto eller rom

1.Sätt gallret mitt i ugnen. Värm ugnen till 375 ° F. Smörj en ugnsform som är tillräckligt stor för att hålla äpplena upprätt.

Två.Kärna ur äpplet och skala äpplena ungefär två tredjedelar från stjälken.

3.Lägg amaretti-kexen i en plastpåse och krossa dem försiktigt med ett tungt föremål som en kavel. Blanda smulorna med socker och smör i en medelstor skål.

fyra. Stoppa lite av blandningen i mitten av varje äpple. Häll amaretton över äpplena. Häll 1 kopp vatten runt äpplena.

5. Grädda i 45 minuter eller tills äpplena är mjuka när de sticks igenom med en kniv. Servera varm eller i rumstemperatur.

Livijas äppelpaj

Torta di Mele alla Livia

För 8 portioner

Min vän Livia Colantonio bor i Umbrien på en gård som heter Podernovo. Gården föder upp Chianina-boskap, odlar olika druvsorter och flaskar viner med Castello delle Regine-märkningen.

Gästerna kan bo i ett av de vackert restaurerade pensionatet i Podernovo, som ligger bara 45 minuter från Rom, och njuta av en lugn semester. Livija gör denna enkla men sensationella "kaka" som alltid är fantastisk efter en höst- eller vintermåltid. Det är inte en kaka i traditionell mening, eftersom den nästan helt är gjord av äpplen, med bara några kaksmulor mellan lagren för att hålla i några av fruktjuicerna. Den serveras med lite vispad grädde eller rom och glass med russin.

Du behöver en rund form eller ugnsform som är 9 tum bred och 3 tum djup. Använd en kakform, en ugnsfast form eller en suffléform, men använd inte en ugnsform då äppeljuicen tar slut.

12 amarettikakor

3 kg Golden Delicious, Granny Smith eller andra fasta äpplen (ca 6 stora)

1 1/2 kopp socker

1.Lägg amaretti-kexen i en plastpåse och krossa dem försiktigt med ett tungt föremål som en kavel. Du bör ha ca 3/4 kopp smulor.

Två. Skala äpplena och skär dem i fjärdedelar på längden. Skär kvartarna i 1/8-tums tjocka skivor.

3.Sätt gallret mitt i ugnen. Värm ugnen till 350 ° F. Smörj generöst en 9 x 3-tums rund form eller springform. Täck plåtens botten med en cirkel bakplåtspapper. Smörj papperet.

fyra.Gör ett lager av äpplen så att de täcker botten av pannan något. Strö över lite smulor och socker. I pannan, varva de återstående äppelskivorna med resterande ströbröd och socker. Äppelskivor behöver inte vårdas. Lägg aluminiumfolie ovanpå, gjuta den över kanten på pannan.

5. Grädda äpplena i 1 och en halv timme. Avtäck och grädda i ytterligare 30 minuter eller tills äpplena är mjuka när de sticks igenom med en kniv och har minskat i volym. Flytta pannan till ett galler. Låt den svalna i minst 15 minuter. Kör en kniv runt kanten på pannan. Håll pannan i handtagen i ena handen och placera en platt serveringsfat ovanpå pannan. Vänd båda så att du flyttar äpplena till tallriken.

6. Servera i rumstemperatur, skär i skivor. Täck med en uppåtvänd behållare och ställ i kylen i upp till 3 dagar.

Aprikoser i citronsirap

Aprikoser av Limone

Ger 6 portioner

Perfekt mogna aprikoser behöver verkligen inte förbättras, men om du har några som inte är perfekta, prova att pochera dem i enkel citronsirap. Pocherade aprikoser serveras kalla, gärna med vispgrädde med amarettosmak.

1 kopp kallt vatten

1 1/4 kopp socker eller efter smak

2 (2 tum) remsor av citronskal

2 matskedar färsk citronsaft

1 kilo aprikoser (ca 8)

1. Blanda vatten, socker, skal och juice i en kastrull eller kastrull som är tillräckligt stor för att få plats med aprikoshalvorna i ett enda lager. Låt sjuda på medelhög värme och koka, vrid på pannan en eller två gånger, i 10 minuter.

Två. Skär aprikoserna på mitten längs linjen och ta bort kärnorna. Lägg halvorna i den kokande sirapen. Koka, vänd en gång, tills frukten är mjuk, cirka 5 minuter.

3.Låt aprikoserna svalna en kort stund i sirapen, täck sedan över och kyl. Den serveras kall.

Skogsfrukter med citron och socker

Frutti di Bosco al Limone

För 4 portioner

Färsk citronsaft och socker ger full smak av bären. Prova detta med en sorts spannmål eller en kombination. Häll över bären med en skopa citronglass eller sorbet efter önskemål.

En av mina favoritfrukter, den lilla vilda jordgubben (fragoline del bosco), är vanlig i Italien men inte allmänt tillgänglig här. Vilda jordgubbar har en behaglig jordgubbsdoft och är lätta att odla i en behållare. Frön är tillgängliga från många katalogföretag och du kan köpa växter från många plantskolor här i USA.

1 kopp skivade jordgubbar

1 dl björnbär

1 dl blåbär

1 kopp hallon

Färskpressad citronsaft (ca 2 matskedar)

Socker (ca 1 matsked)

1.Vänd försiktigt ner bären i en stor skål. Strö över citronsaft och socker efter smak. Smaka av och justera kryddningen.

Två. Ordna bären i grunda serveringsskålar. Servera omedelbart.

Jordgubbar med balsamvinäger

Balsamicojordgubbar

För 2 portioner

Om du kan hitta små vilda jordgubbar som på italienska kallas fragoline del bosco, använd dem i denna efterrätt. Men vanliga färska jordgubbar kommer också att ha nytta av en snabb marinad i lagrad balsamvinäger. Som lite färsk citronsaft på en bit fisk eller salt på en biff, den intensiva söta och syrliga smaken av balsamvinäger förhöjer många livsmedel. Se det som en smaksättning, inte en vinäger.

Du kommer förmodligen att behöva köpa lagrad balsamvinäger från en specialbutik. I New York-området är en av mina favoritkällor Di Palo Fine Foods på Grand Street i Little Italy (sekälla). Louis Di Palo är ett vandrande uppslagsverk av balsamvinäger, såväl som alla andra livsmedelsprodukter som importeras från Italien. När jag först beställde balsamicon tog han fram några flaskor och erbjöd prover till alla i butiken medan han förklarade var och en.

Den bästa balsamicon produceras i provinserna Modena och Reggio i Emilia-Romagna. Slät, komplex och sirapslik, den smakar mer som en rik likör än en stark vinäger och dricks ofta som en hjärtlig. Leta efter orden Aceto Balsamico Tradizionale på etiketten. Även om det är dyrt, räcker lite långt.

1 liter vilda eller odlade jordgubbar, skivade om de är stora

2 matskedar premiumlagrad balsamvinäger eller efter smak

2 skedar socker

I en medelstor skål, släng jordgubbarna med vinäger och socker. Låt stå 15 minuter innan servering.

Hallon med mascarpone och balsamvinäger

Lökar med mascarpone och balsamico

För 4 portioner

Skölj alltid känsliga hallon innan du är redo att använda dem; om du tvättar dem tidigt kan fukt göra att de förstörs snabbare. Innan servering, inspektera dem och kassera alla som visar mögel. Förvara bären i en ytlig, oövertäckt behållare i kylskåpet, men använd dem så snart som möjligt efter köpet, eftersom de förstörs snabbt.

Mascarpone är en tjock, len kräm som kallas ost, trots att den bara smakar svagt ost. Den har en konsistens som liknar grädde, eller något tjockare. Om du vill kan du ersätta crème fraîche, ricotta eller gräddfil.

1 1/2 dl mascarpone

Ca 1/4 dl socker

1 till 2 matskedar av bästa kvalitet lagrad balsamvinäger

2 koppar hallon, lätt tvättade och torkade

1.Vispa mascarpone och socker i en liten skål tills det är väl blandat. Tillsätt acetobalsamico efter smak. Låt stå i 15 minuter och blanda igen.

Två.Fördela hallonen mellan 4 glas eller serveringsskålar. Täck med mascarpone och servera genast.

Körsbär i Barolo

Barolo körsbär

För 4 portioner

Här tillagas söta, mogna körsbär i piemontesisk stil i Barolo eller ett annat fylligt rött vin.

3 1/4 kopp socker

1 dl Barolo eller annat torrt rött vin

1 kilo urkärnade mogna söta körsbär

1 kopp tung eller tung grädde, mycket kall

1. Minst 20 minuter innan du är redo att vispa grädden, ställ den stora skålen och batterierna i en elmixer i kylen.

Två. Blanda sockret och vinet i en stor kastrull. Koka upp och låt sjuda i 5 minuter.

3. Tillsätt körsbär. När vätskan har kokat tillbaka, koka tills körsbären är mjuka när de stickas hål med en kniv, cirka 10 minuter till. Låt det svalna.

fyra. Ta genast innan servering ut skålen och blandarna från kylen. Häll grädden i en bunke och vispa grädden på hög hastighet tills den håller lite av sin form när visparna lyfts, ca 4 minuter.

5.Häll körsbär i serveringsskålar. Den serveras i rumstemperatur eller lätt kall med vispgrädde.

varma rostade kastanjer

Caldarroste

För 8 portioner

Martinje, 11 november, firas i hela Italien med varma rostade kastanjer och färskt rött vin. Högtiden markerar inte bara högtiden för det älskade helgonet som var känt för sin vänlighet mot de fattiga, utan också slutet på växtsäsongen, dagen då jorden vilar för vintern.

Rostade kastanjer är också en klassisk finish på italienska vinterrätter. Jag ställer in dem i ugnen för att grädda när vi sitter och äter middag och när vi är klara med huvudrätten är de redo att ätas.

1 kg färska kastanjer

1. Sätt gallret mitt i ugnen. Värm ugnen till 425° F. Skölj kastanjerna och klappa dem torra. Lägg kastanjerna med platta sidan nedåt på en skärbräda. Använd spetsen på en liten, vass kniv och markera försiktigt ett X i toppen av varje.

Två.Lägg kastanjerna på ett stort ark av kraftig aluminiumfolie. Vik ena änden över den andra för att stänga kastanjerna. Vik ändarna för att stänga. Lägg paketet på en bakplåt. Rosta kastanjerna tills de är mjuka när de sticks igenom med en liten kniv, cirka 45 till 60 minuter.

3.Överför foliepaketet till ett galler för att svalna. Låt kastanjerna vara inlindade i aluminiumfolie i 10 minuter. Den serveras varm.

konserverade fikon

Marmellata di Fichi

Gör 1 1/2 liter

Fikon, tama och vilda, växer i hela Italien, utom i de nordligaste regionerna, där det är för kallt. Eftersom de är så söta och allmänt tillgängliga används fikon i många desserter, särskilt i södra Italien. Mogna fikon lagras inte bra, så när det är många på sensommaren förvaras de på olika sätt. I Puglia kokas fikon i vatten för att göra en tjock, söt sirap som används i desserter. Fikon torkas också i solen eller konserveras.

En liten sats konserverade fikon är lätt att göra och håller sig upp till en månad i kylen. För längre förvaring bör sylt förvaras (enligt säkra konserveringsmetoder) eller frysas. Servera som en sida till en ostbricka eller till frukost på smörat pekannötsbröd.

1 1/2 kg färska mogna fikon, tvättade och torkade

2 koppar socker

2 remsor citronskal

1.Rensa fikonen och skär dem i fjärdedelar. Lägg dem i en medelstor skål med socker och citronskal. Blanda väl. Täck över och kyl över natten.

Två.Nästa dag överför du innehållet i grytan till en stor, tung kastrull. Låt det koka upp försiktigt på medelvärme. Koka, rör om då och då, tills blandningen tjocknar lite, cirka 5 minuter. För att kontrollera om blandningen är tillräckligt tjock, placera en droppe lätt kyld vätska mellan tummen och pekfingret. Om blandningen bildar ett snöre när tummen och fingret är något isär, är den på burk.

3.Häll upp i steriliserade burkar och kyl i upp till 30 dagar.

chokladdoppade fikon

Fichi al Cioccolato

Gör 8 till 10 portioner

Fuktiga torkade fikon fyllda med nötter och doppade i choklad är en trevlig eftermiddag.

Jag gillar att köpa kanderat apelsinskal från Kalustyan's, en livsmedelsbutik i New York som specialiserar sig på kryddor, torkad frukt och nötter. Eftersom de säljer så mycket är det alltid fräscht och fullt av smak. Många andra specialbutiker säljer goda kanderade apelsinskal. Du kan även ansöka per post (sekälla). Kanderat apelsinskal från snabbköpet och andra frukter skärs i små bitar och är vanligtvis torra och smaklösa.

18 fuktiga torkade fikon (ca 1 kg)

18 rostade mandlar

1 1/2 kopp kanderat apelsinskal

4 uns mörk choklad, hackad eller bruten i små bitar

2 matskedar osaltat smör

1.Klä en bakplåt med vaxat papper och ställ ett galler på den. Gör en liten fördjupning i botten av varje fig. Tillsätt en mandel och en bit apelsinskal till fikonen. Nyp ihop öppningen för att stänga den.

Två.Häll kokande vatten i den övre delen av ångkokaren, smält choklad och smör, ca 5 minuter. Ta bort från värmen och blanda tills det är homogeniserat. Låt stå i 5 minuter.

3.Doppa varje fikon i smält choklad och lägg på galler. När alla fikon har mjuknat, ställ in plåten i kylen för att stelna chokladen, ca 1 timme.

fyra.Lägg fikonen i en lufttät behållare, separera varje lager med vaxat papper. Förvaras i kylen i upp till 30 dagar.

Fikon i vinsirap

Filet alla Contadina

För 8 portioner

Calimyrna och California Mission torkade fikon är fuktiga och fylliga. Du kan använda vilken typ som helst för detta recept. Efter pochering är de goda som de är eller serveras med glass eller vispgrädde. De passar även bra till gorgonzolaost.

1 dl santovin, marsala eller torrt rött vin

2 skedar honung

2 (2 tum) remsor av citronskal

18 fuktiga torkade fikon (ca 1 kg)

1. Blanda vin santo, honung och citronskal i en medelstor panna. Koka upp och låt sjuda i 1 minut.

Två. Tillsätt fikon och kallt vatten så att det täcker. Koka upp vätskan och täck grytan. Koka tills fikonen är mjuka, ca 10 minuter.

3. Använd en hålslev och överför fikonen från grytan till en skål. Koka vätskan utan lock tills den minskar och tjocknar lite, ca 5 minuter. Häll sirapen över fikonen och låt dem svalna. Kyl i minst 1 timme och upp till 3 dagar. Den serveras lätt kall.

Doras rostade fikon

Fil i Forno

gör 2 dussin

Torkade fikon fyllda med nötter är en specialitet från Pugliese. Det här receptet kommer från min vän Dora Marzovilla, som serverar dem som mellanmål efter middagen på familjerestaurangen I Trulli i New York. Servera fikonen med ett glas dessertvin, som Moscato di Pantelleria.

24 fuktiga torkade fikon (ca 1 1/2 pund), stjälktoppar borttagna

24 rostade mandlar

1 matsked fänkålsfrön

1 1/4 kopp lagerblad

1. Sätt gallret mitt i ugnen. Värm ugnen till 350° F. Ta bort de hårda skaftändarna från varje fig. Skär av botten på fikonen med en liten kniv. Sätt i mandeln i fikonen och krama ur springan.

Två. Ordna fikonen på en plåt och grädda i 15 till 20 minuter eller tills de fått lite färg. Låt svalna på grill.

3.Lägg fikonen i en lufttät 1-quarts glas- eller plastbehållare. Strö över lite fänkålsfrön. Lägg ett lager lagerblad ovanpå. Upprepa lagren tills du har använt alla ingredienser. Täck över och förvara svalt (men inte i kylen) i minst 1 vecka innan servering.

Honung i mintsirap

Melon alla Menta

För 4 portioner

Efter en utmärkt fiskmiddag på en restaurang vid havet på Sicilien, serverades vi denna fräscha kombination av cantaloupe badad i färsk myntasirap.

1 kopp kallt vatten

1 1/2 kopp socker

1/2 kopp packade färska myntablad, plus mycket till garnering

8 till 12 skivor skalad mogen cantaloupe

1. Blanda vatten, socker och myntablad i en kastrull. Koka upp och koka i 1 minut eller tills bladen är mjuka. Avlägsna från värme. Låt svalna och sila sedan sirapen genom en finmaskig sil ner i en skål för att sila ur myntabladen.

Två. Lägg vattenmelonen i en skål och häll sirapen över vattenmelonen. Kyl kort i kylen. Den serveras garnerad med myntablad.

Apelsiner i apelsinsirap

Orange marinad

För 8 portioner

Saftiga apelsiner i söt juice är den perfekta efterrätten efter en riklig måltid. Jag gillar särskilt att servera dem på vintern när de färska apelsinerna är som bäst. Ordnade på en bricka ser apelsinerna så vackra ut med en topping av apelsinskalremsor och mousserande sirap. Som en variant, skiva apelsinen och blanda med skivad mogen ananas. Servera apelsinsåsen överallt.

8 stora apelsiner till naveln

1 1/4 dl socker

2 matskedar konjak eller apelsinlikör

1. Tvätta apelsinerna med en borste. Skär av topparna. Använd en grönsaksskalare och ta bort den färgade delen av apelsinskalet (skalet) i breda strimlor. Undvik att gräva i den bittra vita märgen. Stapla skalremsorna och skär dem i smala stavar.

Två. Ta bort den vita kärnan från apelsinen. Lägg upp apelsinerna på ett serveringsfat.

3.Koka upp en liten kastrull med vatten. Tillsätt apelsinskalet och koka på låg värme. Koka i 1 minut. Häll av skalet och skölj med kallt vatten. Upprepa. (Detta hjälper till att ta bort bitterheten från skalet.)

fyra.Häll sockret och 1/4 dl vatten i en annan liten kastrull på medelhög värme. Koka upp blandningen. Koka tills sockret löst sig och sirapen tjocknar, ca 3 minuter. Tillsätt apelsinskalet och koka i ytterligare 3 minuter. Låt det svalna.

5.Tillsätt apelsinkonjak till innehållet i grytan. Ta bort apelsinskalet från sirapen med en gaffel och lägg det på apelsinerna. Skeda i sirap. Täck över och kyl upp till 3 timmar före servering.

Gratinerade apelsiner med Zabaglione

Orange allo Zabaglione

För 4 portioner

Gratiné är ett franskt ord som betyder att bryna ytan på en maträtt. Det appliceras vanligtvis på salta livsmedel som strös med ströbröd eller ost för att bryna dem.

Zabaglione serveras vanligtvis ensam eller som en frukt- eller kakdopp. Här hälls den över apelsinerna och grillas en kort stund tills den får lite färg och bildar en krämig beläggning. Bananer, kiwi, bär eller andra mjuka frukter kan också tillagas på detta sätt.

6 navelapelsiner, skalade och tunt skivade

sabayon

1 stort ägg

2 stora äggulor

1/3 kopp socker

1/3 kopp torr eller söt marsala

1. Värm upp grillen. Lägg apelsinskivorna i en ugnsfast form, lite överlappande.

Två.Förbered zabaglione: Fyll en liten kastrull eller botten av en tryckkokare med två tum vatten. Låt det koka på låg värme. Vispa ihop ägg, äggulor, socker och marsala i en skål som är större än kanten på pannan eller toppen av vattenbadet. Vispa med en elektrisk mixer tills det skummar. Lägg över en skål med kokande vatten. Vispa tills blandningen är blek i färgen och håller en slät form när visparna lyfts, ca 5 minuter.

3. Fördela zabaglione över apelsinerna. Placera pannan under broilern i 1 till 2 minuter eller tills zabaglione är gyllenbrun i fläckar. Servera omedelbart.

Vita persikor hos Asti Spumante

Pesche Bianche i Asti Spumante

För 4 portioner

Asti Spumante är ett sött och mousserande dessertvin från Piemonte i nordvästra Italien. Den har en delikat smak och doft av apelsinblomma, som kommer från muscatdruvor. Om du inte kan hitta vita persikor, gula persikor eller en ersättning för andra sommarfrukter som nektariner, plommon eller aprikoser, kommer de att klara sig bra.

4 stora mogna vita persikor

1 sked socker

8 uns kall Asti Spumante

1. Skala och kärna ur persikorna. Skär dem i tunna skivor.

Två. Blanda persikorna med sockret och låt stå i 10 minuter.

3. Lägg persikorna i glas eller parfaitglas. Häll upp Asti Spumante och servera omedelbart.

Persikor i rött vin

Pesche rött vin

För 4 portioner

Jag minns att jag såg min farfar skära upp egenodlade vita persikor för att blötlägga i en kanna rött vin. De söta persikojuicerna tämde eventuell bitterhet i vinet. Vita persikor är min favorit, men gula persikor eller nektariner är också gott.

1/3 dl socker eller efter smak

2 koppar fruktigt rött vin

4 mogna persikor

1.I en medelstor skål, kombinera socker och vin.

Två. Skär persikorna på mitten och ta bort kärnorna. Skär persikorna i små bitar. Blanda dem med vin. Täck och ställ i kylen i 2 till 3 timmar.

3.Häll upp persikor och vin i glas och servera.

Persikor fyllda med Amaretti

Pesche al Forno

För 4 portioner

Det här är den piemontesiska favoritefterrätten. Den serveras ovanpå med vispgrädde eller en kula glass.

8 medelstora persikor, inte för mogna

8 amarettikex

2 matskedar mjukat osaltat smör

2 skedar socker

1 stort ägg

1.Sätt gallret mitt i ugnen. Värm ugnen till 375° F. Smörj en ugnsform som är tillräckligt stor för att passa persikohalvorna i ett enda lager.

Två.Lägg amaretti-kexen i en plastpåse och krossa dem försiktigt med ett tungt föremål som en kavel. Du bör dricka ca 1/2 kopp. Vispa smör och socker i en medelstor skål och tillsätt ströbröd.

3.Längs linjen runt persikorna, skär dem på mitten och ta bort gropar. Använd en grapefrukt- eller cantaloupesked och ös ut lite av persikoköttet från mitten för att vidga öppningen och lägg till smulblandningen. Tillsätt ägget i blandningen.

fyra.Lägg persikohalvorna med skärsidan uppåt på en tallrik. Häll lite av ströbrödsblandningen över varje persikohalva.

5.Grädda 1 timme eller tills persikorna är mjuka. Servera varm eller i rumstemperatur.

Päron i apelsinsås

Orange päron

För 4 portioner

När jag besökte Anna Tasca Lanza på Regaleali, hennes familjs vingård på Sicilien, gav hon mig lite av sin läckra mandarinsylt att ta med hem. Anna använder sylten som både pålägg och dessertsås och det inspirerade mig att blanda lite i pocheringsvätskan från några av päronen jag kokade. Päronen hade en vacker gyllene glasyr och alla älskade resultatet. Nu gör jag den här efterrätten ofta. Eftersom jag snabbt förbrukade mängden sylt Anna gav mig, använder jag en apelsinmarmelad av god kvalitet.

1 1/2 kopp socker

1 kopp torrt vitt vin

4 fasta mogna päron, som Anjou, Bartlett eller Bosc

1/3 dl apelsinmarmelad

2 msk apelsinlikör eller rom

1. I en gryta som är tillräckligt stor för att rymma päronen, rör sockret och vinet upprätt. Koka upp på medelvärme och koka tills sockret lösts upp.

Två. Tillsätt päronen. Täck pannan och låt koka i cirka 30 minuter eller tills päronen är mjuka när de sticks igenom med en kniv.

3. För över päronen till en serveringsfat med en sked. Tillsätt sylten i vätskan i grytan. Koka upp och låt sjuda i 1 minut. Ta bort från värmen och tillsätt sprit. Häll såsen över och runt päronen. Täck över och ställ i kylen minst 1 timme före servering.

Päron med marsala och gräddfil

Marsala päron

För 4 portioner

Jag hade päron tillagade så här på en trattoria i Bologna. Om du gör dem precis före middagen har de rätt temperatur att servera när du är redo för efterrätt.

Du kan hitta torr och söt Marsala importerad från Sicilien, även om torr är av bättre kvalitet. Båda kan användas för att göra desserter.

4 stora Anjou-, Bartlett- eller Bosc-päron, inte för mogna

1 1/4 kopp socker

1 1/2 kopp vatten

1 1/2 kopp torr eller söt marsala

1 1/4 kopp tung grädde

1. Skala päronen och halvera dem på längden.

Två. Koka upp sockret och vattnet på medelvärme i en kastrull som är tillräckligt stor för att få plats med päronhalvorna i ett enda lager. Rör om för att lösa upp sockret. Tillsätt päronen och täck pannan. Koka i 5 till 10 minuter eller tills päronen är nästan mjuka när de genomborras med en gaffel.

3.Lägg över päronen på en tallrik med en sked. Tillsätt marsala i pannan och låt koka upp. Koka tills sirapen tjocknar lite, ca 5 minuter. Tillsätt grädden och koka i ytterligare 2 minuter.

fyra.Lägg päronen i pannan och ringla över såsen. Lägg över päronen på serveringsfat och häll såsen över dem. Låt den svalna till rumstemperatur innan servering.

Päron med varm chokladsås

Päron Affogato al Cioccolato

Ger 6 portioner

Färska päron doppad i mörk chokladsås är en klassisk europeisk efterrätt. Jag åt den i Bologna, där chokladsåsen gjordes på Majani-choklad, ett lokalt märke som tyvärr inte reser långt från hemstaden. Använd mörk choklad av hög kvalitet. Ett märke jag gillar, Scharffen Berger, är tillverkat i Kalifornien.

6 Anjou, Bartlett eller Bosc päron, inte för mogna

2 koppar vatten

3 1/4 kopp socker

4 (2 × 1/2 tum) apelsinskalremsor, skurna i stavar

1 1/2 koppar varm fudgesås

1. Skala päronen, lämna stjälkarna intakta. Använd en melonballer eller liten sked, ös ut kärnan och fröna, arbeta från botten av päronet.

Två. Koka upp vatten, socker och apelsinskal på medelvärme i en kastrull som är tillräckligt stor för att rymma alla päron. Rör om tills sockret löst sig.

3. Tillsätt päronen och sänk värmen. Täck pannan och koka, vänd päronen en gång, i 20 minuter eller tills de är mjuka när de sticks igenom med en liten kniv. Låt päronen svalna i sirapen.

fyra. När du är redo att servera, förbered chokladtoppingen.

5. Häll upp päronen på serveringsfat. (Täck och kyl sirapen för annan användning, som att blanda med skuren frukt för en sallad.) Ringla över varm chokladsås. Servera omedelbart.

Päron kryddade med rom

Rompäron

Ger 6 portioner

Den söta, lätta, nästan blommiga smaken av mogna päron passar bra med många andra kompletterande smaker. Frukter som apelsiner, citroner och bär och många ostar passar bra till dem, och Marsala och torra viner används ofta för att pochera päronen. I Piemonte blev jag positivt överraskad när jag serverades dessa långsamkokta päron i kryddad romsirap med en enkel hasselnötskaka.

6 Anjou, Bartlett eller Bosc päron, inte för mogna

1 1/4 kopp farinsocker

1/4 dl mörk rom

1 1/4 kopp vatten

4 hela nejlikor

1.Skala päronen, lämna stjälkarna intakta. Använd en melonballer eller liten sked, ös ut kärnan och fröna, arbeta från botten av päronet.

Två.I en kastrull som är tillräckligt stor för att rymma päronen, rör om socker, rom och vatten på medelvärme tills sockret löser sig, cirka 5 minuter. Tillsätt päronen. Ordna kryddnejlika runt frukten.

3.Täck kastrullen och låt vätskan koka upp. Koka på medelhög värme i 15 till 20 minuter eller tills päronen är mjuka när de stickas hål med en kniv. För över päronen till en serveringsfat med en sked.

fyra. Koka vätskan utan lock tills den minskar och tjocknar. Sila vätskan över päronen. Låt det svalna.

5.Servera i rumstemperatur eller täck över och kyl.

Pecorino kryddade päron

Pere allo Spezie e Pecorino

Ger 6 portioner

Toscaner är stolta över sin utmärkta pecorinoost. Varje stad har sin egen version, och var och en har en något annorlunda smak än de andra, beroende på hur den har åldrats och var mjölken kommer ifrån. Ostar äts vanligtvis när de är ganska unga och fortfarande halvhårda. När den äts som efterrätt toppas osten ibland med lite honung eller serveras med päron. Jag älskar den här sofistikerade presentationen jag hade på Montalcino: pecorino serverad med päron pocherade i lokalt rött vin och kryddor, tillsammans med färska valnötter.

Givetvis kan päron serveras ensamma eller med en klick vispgrädde.

6 medelstora Anjou-, Bartlett- eller Bosc-päron, inte för mogna

1 dl torrt rött vin

1 1/2 kopp socker

1 kanelstång (3 tum)

4 hela nejlikor

8 uns Pecorino Toscano, Asiago eller Parmigiano-Reggiano ost, skuren i 6 bitar

12 valnötshalvor, rostade

1. Sätt gallret mitt i ugnen. Värm ugnen till 450° F. Placera päronen i en panna som är tillräckligt stor för att hålla dem upprätt.

Två. Rör ner vin och socker tills sockret mjuknar. Häll blandningen över päronen. Ordna kanel och kryddnejlika runt päronen.

3. Grädda päronen, tråckla då och då med vinet, i 45 till 60 minuter eller tills päronen är mjuka när de sticks igenom med en kniv. Om vätskan börjar torka innan päronen är klara, tillsätt lite varmt vatten i skålen.

fyra. Låt päronen svalna på en tallrik, tråckla dem då och då med saften från pannan. (När safterna svalnar tjocknar de och täcker päronen i en fyllig röd glasyr.) Ta bort kryddorna.

5. Päronen med sirap serveras i rumstemperatur eller lätt kylda. Lägg upp på serveringsfat med två valnötshalvor och en skiva ost.

Pocherade päron med gorgonzola

Gorgonzolapäron

För 4 portioner

Den starka smaken av gorgonzolaost blandad med slät grädde är ett utsökt tillskott till dessa pocherade päron i vitvinssirap med citron. Lite pistage ger en klick ljus färg. Anjou, Bartlett och Bosc päron är mina favoritsorter för tjuvjakt eftersom deras tunna form möjliggör jämn tillagning. Pocherade päron behåller sin form bäst när frukten inte är för mogen.

2 koppar torrt vitt vin

2 matskedar färsk citronsaft

3 1/4 kopp socker

2 (2 tum) remsor av citronskal

4 päron, såsom Anjou, Bartlett eller Bosc

4 uns gorgonzola

2 msk ricotta, mascarpone eller gräddfil

2 matskedar hackade pistagenötter

1. I en medelstor kastrull, vispa ihop vin, citronsaft, socker och citronskal. Koka upp och låt sjuda i 10 minuter.

Två. Skala under tiden päronen och skär dem på mitten på längden. Ta bort kärnorna.

3. Lägg päronen i vinsirapen och koka tills de är mjuka när de sticks igenom med en kniv, ca 10 minuter. Låt det svalna.

fyra. Använd en hålslev och överför två päronhalvor till varje serveringsfat med mittsidan uppåt. Ringla sirapen runt päronen.

5. Mosa gorgonzolan med ricottan i en liten skål tills den är slät. Häll lite av ostblandningen i det skurna utrymmet på varje päronhalva. Strö över pistagenötter. Servera omedelbart.

Tårta med päron- eller äppelpudding

Budino di Pere eller Mele

Ger 6 portioner

Inte en kaka eller pudding, den här desserten består av frukt som kokas tills den är mjuk och sedan bakad med en topping som ser lite ut som en tårta. Det är gott med äpplen eller päron eller till och med persikor eller plommon.

Jag gillar att använda mörk rom för att smaksätta denna dessert, men ljus rom, konjak eller till och med grappa kan ersättas.

3 1/4 kopp russin

1 1/2 dl mörk rom, konjak eller grappa

2 matskedar osaltat smör

8 mogna päron eller fasta äpplen, skalade och skurna i 1/2-tums skivor

1/3 kopp socker

Tillägg

6 matskedar osaltat smör, smält och kylt

1/3 kopp socker

1 1/2 kopp universalmjöl

3 stora ägg, separerade

Två 1/3 kopp helmjölk

2 matskedar mörk rom, konjak eller konjak

1 tsk rent vaniljextrakt

Lite salt

florsocker

1. Blanda russin och rom i en liten skål. Låt det sitta i 30 minuter.

Två. Smält smöret i en stor stekpanna på medelvärme. Tillsätt frukt och socker. Koka, rör om då och då, tills frukten är nästan mjuk, cirka 7 minuter. Tillsätt russin och rom. Koka i ytterligare 2 minuter. Avlägsna från värme.

3.Sätt gallret mitt i ugnen. Värm ugnen till 350 ° F. Smörj en 13 × 9 × 2-tums bakplåt. Häll fruktblandningen i ugnsformen.

fyra.Gör toppingen: I en stor skål, med en elektrisk mixer, vispa smör och socker tills det blandas, cirka 3 minuter. Tillsätt mjölet, bara för att kombinera.

5.I en medelstor skål, vispa ihop äggulor, mjölk, rom och vanilj. Rör ner äggblandningen i mjölblandningen tills den blandas.

6.I en annan stor skål, vispa äggvitorna med saltet på låg hastighet med en ren mixer tills det skummar. Öka hastigheten och vispa tills mjuka toppar bildas, cirka 4 minuter. Blanda försiktigt äggvitan med resten av degen. Häll smeten över frukten i ugnsformen och grädda i 25 minuter eller tills toppen är gyllenbrun och fast vid beröring.

7.Servera varm eller rumstemperatur, strös över strösocker.

Varm fruktkompott

Varm fruktkompost

Gör 6 till 8 portioner

Rom används ofta för att smaksätta desserter i Italien. Mörk rom har en djupare smak än ljus rom. Om så önskas, ersätt romen med en annan likör eller ett sött vin som Marsala i detta recept. Eller gör en alkoholfri version med apelsin- eller äppeljuice.

2 mogna päron, skalade och urkärnade

1 Golden Delicious eller Granny Smith äpple, skalat och urkärnat

1 kopp urkärnade plommon

1 dl torkade fikon utan stjälkar

1 1/2 kopp torkade urkärnade aprikoser

1 1/2 kopp svarta russin

1 1/4 kopp socker

2 (2 tum) remsor av citronskal

1 kopp vatten

1 1/2 dl mörk rom

1. Skär päronen och äpplena i 8 bitar. Skär skivorna i små bitar.

Två. Blanda alla ingredienser i en stor kastrull. Täck över och låt koka upp på medel-låg värme. Koka tills den färska frukten är mjuk och den torkade frukten är fyllig, cirka 20 minuter. Tillsätt lite mer vatten om de verkar torra.

3.Kyl något innan servering eller täck över och ställ i kylen i upp till 3 dagar.

Karamelliserade venetianska frukter

Golosezzi Veneziani

För 8 portioner

Karamellbeläggningen på dessa venetianska fruktspett hårdnar, påminner om ett kolaäpple. Torka frukten och gör dessa fruktspett på en torr dag. Om vädret är fuktigt kommer kolan inte att stelna bra.

1 mandarin eller clementin, skalad, skivad

8 små jordgubbar, skalade

8 kärnfria druvor

8 urkärnade dadlar

1 kopp socker

1 1/2 kopp lätt majssirap

1 1/4 kopp vatten

1.Placera fruktbitarna växelvis på var och en av de åtta 6-tums träspetten. Lägg ett kylställ på plåten.

Två. Blanda socker, majssirap och vatten i en kastrull som är tillräckligt stor för att passa spetten på längden. Koka på medelvärme, rör om då och då, tills sockret är helt upplöst, cirka 3 minuter. När blandningen börjar koka, sluta röra och koka tills sirapen börjar få färg på kanterna. Skaka sedan pannan försiktigt över elden tills sirapen får en enhetlig gyllenbrun färg, ytterligare 2 minuter.

3.Ta kastrullen från värmen. Använd en tång och doppa snabbt varje spett i sirapen, vänd så att den täcker frukten lätt men helt. Låt överflödig sirap komma tillbaka till behållaren. Lägg spetten på ett galler för att svalna. (Om sirapen i pannan stelnar innan alla spett är nedsänkta, värm den försiktigt igen.) Servera i rumstemperatur inom 2 timmar.

Frukt med honung och konjak

Fruktkompott alla grappa

Ger 6 portioner

Grappa är en typ av konjak gjord av vinaccia, de skal och frön som finns kvar efter att druvor pressats för att göra vin. Det fanns en tid då grappa var en rådryck som mestadels dracks av arbetare i norra Italien för att värma upp kalla vinterdagar. Idag är grappa en mycket raffinerad dryck som säljs i designflaskor med dekorerade kapsyler. Vissa grappas är smaksatta med frukt eller örter, medan andra lagras på träfat. Använd vanlig konjak utan smak till denna fruktsallad och för andra matlagningsändamål.

1/3 kopp honung

1/3 kopp konjak, konjak eller fruktlikör

1 matsked färsk citronsaft

2 kiwi, skalade och skivade

2 navelapelsiner, skalade och skivade

1 liter skivade jordgubbar

1 kopp kärnfria gröna druvor halverade

2 medelstora bananer, skivade

1.Vispa ihop honung, konjak och citronsaft i en stor serveringsskål.

Två. Tillsätt kiwi, apelsiner, jordgubbar och vindruvor. Kyl i minst 1 timme eller upp till 4 timmar. Tillsätt groblad precis innan servering.

vinterfruktsallad

Makedonsk vinter

Ger 6 portioner

I Italien kallas fruktsalladen för Makedonien, eftersom det landet var uppdelat i många små delar, som förenades till en helhet, precis som en sallad består av små bitar av olika frukter. På vintern, när valet av frukt är begränsat, förbereder italienarna sådana sallader, beströdda med honung och citronsaft. Alternativt byt ut honungen mot aprikosmarmelad eller apelsinmarmelad.

3 skedar honung

3 matskedar apelsinjuice

1 matsked färsk citronsaft

2 grapefrukter, skalade och skivade

2 kiwi, skalade och skivade

2 mogna päron

2 koppar gröna druvor utan kärnor, halverade på längden

1. I en stor skål, vispa ihop honung, apelsinjuice och citronsaft.

Två. Tillsätt frukten i skålen och blanda väl. Kyl i minst 1 timme eller upp till 4 timmar före servering.

grillad sommarfrukt

Spiedini alla Frutta

Ger 6 portioner

Grillade sommarfrukter är idealiska för grillning. Servera dem ensamma eller med tårtskivor och glass.

Om du använder träspett, blötlägg dem i kallt vatten i minst 30 minuter för att förhindra att de bränns.

2 nektariner, skurna i 1-tums bitar

2 plommon, skurna i 1-tums bitar

2 päron, skurna i 1-tums bitar

2 aprikoser, i fjärdedelar

2 bananer, skurna i 1-tums bitar

färska myntablad

Ca 2 matskedar socker

1. Placera en grill eller grill cirka 5 tum från värmekällan. Värm grillen eller broilern.

Två. Varva fruktbitar med myntablad på 6 spett. Strö över socker.

3. Grilla eller grädda frukten i 3 minuter per sida. Vänd spetten och grilla tills de fått lite färg, ca 2 minuter. Den serveras varm.

Varm ricotta med honung

Ricotta med honung

För 2 till 3 portioner

Framgången för denna efterrätt beror på kvaliteten på ricottan, så köp den färskaste tillgängliga. Medan halvskummad ricotta är bra, är ricotta med låg fetthalt mycket grynig och intetsägande, så använd den inte. Om du vill, tillsätt lite färsk frukt eller prova russin och lite kanel.

1 kopp helmjölksricotta

2 skedar honung

1. Lägg ricottan i en liten skål över en liten kastrull med sjudande vatten. Värm tills den är genomvärmd, cirka 10 minuter. Blanda väl.

Två. Bred ut ricottan på serveringsfat. Ringla över honung. Servera omedelbart.

ricotta kaffe

Ricotta all 'Caffe

För 2 till 3 portioner

Här är en snabb dessert som passar till många varianter. Servera med vanliga kakor.

Om du inte kan köpa finmald espresso, se till att skippa kaffemalningen genom en kaffekvarn eller universalmaskin. Om kornen är för stora kommer efterrätten inte att blanda sig bra, så den får en grynig konsistens.

1 kopp (8 uns) helfet eller halvskummad ricotta

1 sked finmalet kaffe (espresso)

1 sked socker

Chokladflingor

> I en medelstor skål, vispa ihop ricotta, espresso och socker tills det är slätt och sockret har lösts upp. (För en krämigare konsistens, blanda ingredienserna i en

matberedare.) Häll upp i glas eller parfaitglas och strö över chokladbitar. Servera omedelbart.

Variation:För choklad ricotta kaffe, ersätt 1 matsked osötad kakao.

mascarpone och persikor

Mascarpone al Pesche

Ger 6 portioner

Slät och krämig mascarpone och persikor med krispiga amaretti ser vackra ut i parfaiter eller vinglas. Servera denna dessert till middag. Ingen kommer att gissa hur lätt det är att göra.

1 kopp (8 uns) mascarpone

1 1/4 kopp socker

1 matsked färsk citronsaft

1 dl mycket kall grädde

3 persikor eller nektariner, skalade och skurna i små bitar

1/3 dl apelsinlikör, amaretto eller rom

8 amaretti-kex, krossade (ca 1/2 kopp)

2 matskedar rostade skivade mandlar

1.Minst 20 minuter innan du är redo att göra efterrätten, ställ en stor skål och visparna från en elmixer i kylen.

Två.När du är klar, i en medelstor skål, vispa mascarpone, socker och citronsaft tills det skummar. Ta ut skålen och smeten från kylen. Häll grädden i en kyld skål och vispa grädden på hög hastighet tills den håller formen något när visparna lyfts, ca 4 minuter. Använd en spatel och vänd försiktigt ner den vispade grädden i mascaroneblandningen.

3.I en medelstor skål, kombinera persikor och likör.

fyra.Häll hälften av mascarponekrämen i sex parfaitglas eller vinglas. Ordna persikorna och strö sedan över amarettismulor. Häll över resterande grädde. Täck över och ställ i kylen i upp till 2 timmar.

5.Strö över mandel innan servering.

Chokladmousse med hallon

Spuma di Cioccolato al Lampone

För 8 portioner

Vispad grädde inlindad i mascarpone och choklad är som en instant chokladmousse. Hallon är en söt och syrlig dressing.

1 halv liter hallon

1 till 2 matskedar socker

2 matskedar hallon, körsbär eller apelsinlikör

3 uns mörk eller halvsöt choklad

1 1/2 kopp (4 uns) mascarpone, vid rumstemperatur

2 dl kall vispgrädde eller vispgrädde

chokladchips, för dekoration

1. Minst 20 minuter innan du är redo att göra efterrätten, ställ en stor skål och visparna från en elmixer i kylen.

Två.När du är klar, kombinera hallonen med sockret och likören i en medelstor skål. Avsätta.

3. Fyll en liten gryta med en tum vatten. Låt det koka på låg värme. Lägg chokladen i en skål som är större än grytans kant och ställ skålen över det sjudande vattnet. Låt stå tills chokladen smält. Ta den från värmen och blanda chokladen tills den är homogeniserad. Låt den svalna lite, ca 15 minuter. Använd en gummispatel och vik ner mascarponen.

fyra. Ta ut den kalla skålen och blandarna från kylen. Häll grädden i en bunke och vispa grädden på hög hastighet tills den håller lite av sin form när visparna lyfts, ca 4 minuter.

5. Använd en spatel och vänd försiktigt ner hälften av grädden i chokladblandningen, spara den andra hälften för toppingen.

6. Häll hälften av chokladgrädden i åtta parfaitglas. Stapla hallonen. Häll över resterande chokladkräm. Täck med vispad grädde ovanpå. Dekorera med chokladbitar. Servera omedelbart.

Tiramisu

Tiramisu

Gör 8 till 10 portioner

Ingen är helt säker på varför denna efterrätt kallas "pick me up" på italienska, men namnet ska komma från koffeinet från kaffe och choklad. Medan den klassiska versionen har råa äggulor blandade med mascarpone, är min version äggfri eftersom jag inte gillar smaken av råa ägg och de gör efterrätten tyngre än den behöver vara.

Savoiardi (krossigt bröd importerat från Italien) är allmänt tillgängligt, men skivor av vanlig sockerkaka eller sockerkaka kan ersättas. Om du vill, tillsätt några skedar rom eller konjak till kaffet.

1 dl kall vispgrädde eller vispgrädde

1 kilo mascarpone

1/3 kopp socker

24 savoiardi (importerade italienska kex)

1 kopp espresso bryggd i rumstemperatur

2 matskedar osötat kakaopulver

1. Minst 20 minuter innan du är redo att göra efterrätten, ställ en stor skål och visparna från en elmixer i kylen.

Två. När du är klar, ta bort skålen och blandarna från kylen. Häll grädden i en bunke och vispa grädden på hög hastighet tills den håller lite av sin form när visparna lyfts, ca 4 minuter.

3. I en stor skål, blanda mascarpone och socker tills det är slätt. Ta ungefär en tredjedel av den vispade grädden och vänd försiktigt ner den i mascarponeblandningen med en smidig spatel för att tunna ut den. Rör försiktigt ner resterande grädde.

fyra. Doppa försiktigt och snabbt hälften av savoiardi i kaffet. (Träng inte ihop sig, annars faller de isär.) Ordna kakor i ett enda lager på en 9×2-tums fyrkantig eller rund serveringsfat. Häll hälften av mascarponekrämen.

5.Blötlägg resterande savoiard i kaffet och fördela den över mascarponen. Häll över resten av mascarponeblandningen och bred försiktigt med en spatel. Lägg kakaon i en finmaskig sil och strö över desserten. Täck med folie eller plastfolie och ställ i kylen i 3-4 timmar eller över natten så att smakerna smälter samman. Den håller sig bra i kylen i upp till 24 timmar.

jordgubb tiramisu

Tiramisù alle jordgubbar

För 8 portioner

Här är en variant av jordgubbs-tiramisu som jag hittade i en italiensk matlagningstidning. Jag föredrar det till och med framför kaffeversionen, men jag föredrar fruktdesserter av alla slag.

Maraschino är en klar, lite bitter italiensk körsbärslikör uppkallad efter körsbärssorten Marascha. Maraschino finns här, men du kan ersätta en annan fruktlikör om du föredrar det.

3 liter jordgubbar, tvättade och skalade

1 1/2 kopp apelsinjuice

1/4 dl maraschino, crème di cassis eller apelsinlikör

1 1/4 kopp socker

1 dl kall vispgrädde eller vispgrädde

8 uns mascarpone

24 savoiardi (italienska damfingrar)

1.Lämna 2 koppar av de vackraste jordgubbarna till dekoration. Skär resten. Blanda jordgubbarna med apelsinjuice, likör och socker i en stor skål. Låt stå i rumstemperatur i 1 timme.

Två. Ställ under tiden en stor skål och visparna från en elektrisk mixer i kylen. När du är klar, ta bort skålen och blandarna från kylen. Häll grädden i en bunke och vispa grädden på hög hastighet tills den håller lite av sin form när visparna lyfts, ca 4 minuter. Vik försiktigt in mascarponen med en smidig spatel.

3.Ordna kakor på en 9 x 2-tums fyrkantig eller rund serveringsplatta. Häll i hälften av jordgubbarna och deras juice. Bred hälften av mascarponekrämen över bären.

fyra. Upprepa med det andra lagret av cupcakes, jordgubbar och grädde, bred försiktigt ut krämen med en spatel. Täck över och kyl i 3 till 4 timmar eller över natten så att smakerna smälter samman.

5. Strax före servering, skiva de återstående jordgubbarna och arrangera dem i rader.

Italiensk bagatell

Engelska Zuppa

Ger 10 till 12 portioner

"Engelsk soppa" är ett konstigt namn för denna läckra efterrätt. Man tror att italienska kockar lånade idén från engelsk bagatell och lade till italienska detaljer.

1Vin Santo ringereller 1 (12 ounce) kex i butik, skuren i 1/4 tum tjocka skivor

1/2 dl surkörsbär eller hallonsylt

11/2 kopp mörk rom eller apelsinlikör

21/2 kopp varderaChoklad och vaniljkräm

1 kopp vispad grädde

färska hallon, till dekoration

chokladchips, för dekoration

1. Om det behövs, förbered krämer för kakor och kakor. Blanda sedan sylt och rom i en liten skål.

Två. Häll hälften av vaniljkrämen i botten av en 3-quarts serveringsskål. Lägg 1/4 tårtskiva ovanpå och bred ut med 1/4 av syltblandningen. Lägg hälften av chokladkrämen ovanpå.

3. Gör ytterligare 1/4 lager tårt- och syltblandning. Upprepa med resterande vaniljkräm, 1/4 av resterande kak- och syltblandning, kakkrämen och resterande tårt- och syltblandning. Täck tätt med plastfolie och ställ i kylen i minst 3 timmar upp till 24 timmar.

fyra. Minst 20 minuter före servering, ställ en stor skål och visparna från en elmixer i kylen. Ta genast innan servering ut skålen och blandarna från kylen. Häll grädden i en skål och vispa på hög hastighet tills den håller formen något när visparna lyfts, ca 4 minuter.

5. Häll grädden över bagatellen. Garnera med hallon och chokladbitar.

sabayon

För 2 portioner

I Italien är zabaglione (uttalas tsah-bahl-yo-neh; g:et är tyst) en söt och krämig äggbaserad dessert, ofta serverad som en tonic för att öka styrkan av förkylningar eller andra åkommor. Med eller utan sjukdomen är efterrätten utsökt ensam eller som sås till frukt eller kakor.

Zabaglione måste sväljas så fort det är berett, annars kan det kollapsa. För att förbereda zabaglione i förväg, se receptet förkall zabaglione.

3 stora äggulor

3 matskedar socker

3 msk Marsala eller torr eller söt vin santo

1. I den nedre halvan av en dubbelpanna eller medelstor gryta, koka upp cirka 2 tum vatten.

Två. I den övre halvan av en ångkokare eller värmetålig skål som passar tätt över pannan, vispa äggulor och socker med en elektrisk stavmixer på medelhastighet tills det är slätt, ca 2 minuter. Tillsätt marsala. Häll kokande vatten över blandningen. (Låt inte vattnet koka för att äggen ska krypa ihop.)

3.Under upphettning över kokande vatten, fortsätt att vispa äggblandningen tills den är blekgul och mycket fluffig och håller en slät form när den släpps från vispen, 3 till 5 minuter.

fyra.Häll upp i höga glas och servera genast.

Choklad Zabaglione

Choklad Zabaglione

För 4 portioner

Denna variant av zabaglione är som en rik chokladmousse. Den serveras varm med kall vispgrädde.

3 uns mörk eller halvsöt choklad, hackad

1 1/4 kopp tung grädde

4 stora äggulor

1 1/4 kopp socker

2 matskedar rom eller amarettolikör

1. I den nedre halvan av en dubbelpanna eller medelstor gryta, koka upp cirka 2 tum vatten. Blanda chokladen och grädden i en liten värmesäker skål över sjudande vatten. Låt stå tills chokladen smält. Blanda med en flexibel spatel tills blandningen är homogen. Avlägsna från värme.

Två.I toppen av en ångkokare eller annan värmetålig behållare som får plats i kastrullen, vispa äggulorna och sockret med en elektrisk stavmixer tills det är slätt, cirka 2 minuter. Tillsätt rom. Häll kokande vatten över blandningen. (Låt inte vattnet koka för att äggen ska krypa ihop.)

3.Vispa äggulablandningen tills den är blek och fluffig och håller en slät form när den kommer ut ur mixern, 3 till 5 minuter. Avlägsna från värme.

fyra. Använd en gummispatel och vänd försiktigt ner chokladblandningen. Servera omedelbart.

www.ingramcontent.com/pod-product-compliance
Lightning Source LLC
Chambersburg PA
CBHW050157130526
44591CB00034B/1297